挑む

私が問う
これからの教育観

菊池省三
Shozo Kikuchi

中村堂

はじめに

私は、四月一日朝七時過ぎに、以前高知駅前で撮った坂本龍馬の像の写真とともに、次のような書き込みを Facebook にしました。

私、菊池省三は、退職しました。

新しいスタートをします。
夢に向かって進みます。

今後ともよろしくお願いいたします。

書き込みが終わると同時に、「いいね！」のカウントが始まり、最終的には千五百人ほどの「いいね！」をいただくとともに（二〇一五年四月末現在）、二百人弱の方々から様々な書き込みをいただきました。

その日が四月一日のエイプリルフールだったこともあり、

タイムラインの写真
アルバムに戻る · 菊池 省三さんの写真 · 菊池 省三さんのタイムライン
前へ · 次へ
坂本龍馬先生像
いいね！を取り消す
コメントする
写真にタグ付け
菊池 省三
私、菊池省三は、退職しました。
新しいスタートをします。
夢に向かって進みます。
今後ともよろしくお願いいたします。
アルバム: タイムラインの写真
共有範囲: 公開
この写真にタグ付けする
写真ビューアで見る

Facebook から

「エイプリルフールですね」

と、私の書き込みを「嘘」だと思われた方もいたようですが、そのほとんどは、

「新たな門出をお祝い申し上げます！」

「終わりは始まりの号砲です」

「これからが本当の力発揮」

「クラス単位にくくられず、世の中全てが教え子……な勢いであってほしいです」

「これから菊池先生が何をスタートさせるのかとても楽しみでなりません」

「この決断で、日本の教育界はさらなるうねりを見せると思います」

「しかし、『教育者　菊池省三』には退職がありません」

と、私自身の再出発を理解し、励ましてくださいました。

また、最後の菊池学級の子どもたちとなった、小倉中央小学校の元六年一組の何人かもこの中に書き込みをしてくれました。

中村愛海
菊池先生！　お疲れ様でした。菊池先生のおかげで沢山の生徒が自分を見つけられ、新し

い目標へと向かえたと思います。私達も菊池先生に支えられてＳＡ[1]に向かってきました。レベルの低い人からみたら、真面目、面白くなさそう、というイメージがあるかもしれません。私も四年生の時楽しくなさそうやなーって思ってました笑　だけど、クラスになると、菊池先生の授業は長く感じず、すぐ終わるような楽しさがありました。

そして、厳しい時は厳しく、楽しい時は楽しく優しい時は優しいし、ＦＭＣ[2]が、ありました。菊池先生には、沢山迷惑をかけました笑　だけど、菊池先生は、自分の子供のように、生徒を大事にしてくださって。

よく、こんなに、三十人もの人を観察できるなぁと尊敬します。

本当にありがとうございました。そして、お疲れ様でした！　菊池先生の最後の生徒になれて嬉しかったです（´く｀）　新しい道を歩んでいってください！　また、セミナーがあるときは、呼んでください笑

曾根崎妃那

お疲れさまでした!!

この１年間とても楽しかったです。多分先生がいないと、私の学校に対しての考え方は、違ったでしょう。今の私の考え方は、学校は学ぶ場であり成長する、毎日を発見する場だと

思います。先生がいたから毎日が楽しく感じることができ、良かったです。六ー一の一番の自慢できるところが私は、男子女子関係なく誰とでも仲がいいことだと思います。私は前までは、女子だけに群れていましたが、六年生になって男子と遊ぶ機会も増えていました。仲がいいから共に競い合い成長でき、活動できるしほめあえる！　三学期の最後とか、私は卒業文集の表紙をかくのは女子同士ではやってなくて、男子と協力してやっていました。女子同士でも共にほめあいおたがいをのばしあっていました。私はこんなにたくさんの自慢がある六ー一が大好きです。自分に新たなことをさせてくれました。毎日のように私は卒業文集みたり、アルバムみたりしています。六ー一が頭から離れません。こんなクラスを作ってくれてた先生には本当に感謝しています。ありがとうございます。新しい所にいっても、先生らしさを一番に自分を信じていろんなことに挑戦していつまでも最高な自分を作り続けてくださいね。本当にありがとうございました。頑張ってください笑

（文章原文のママ引用）

私は、三人兄弟の真ん中として育ちましたが、大阪で暮らす弟も次のような書き込みをしてくれました。

弟ではなく一人の男として祝福します。坂本龍馬ピッタリですね。愛媛には中学の先輩の大江健三郎さん、高校の先輩には中村修二さんがおられますが、二人を越えて世界での活躍にワクワクしてます。尊敬する兄貴に最高のエールを大阪から送り続けます。

なかなか会うことができない弟でしたが、私が退職する直前に神戸でセミナーを開催することを知って、彼は、奥さんと職場の後輩を連れて参加してくれました。そこでの私の話を聞いてくれた上での書き込みで、とても嬉しいものでした。

私は、このようなたくさんの書き込みを一つひとつていねいに読ませていただきながら、次のように決意をしたためました。

たくさんの温かい励ましのお言葉　ありがとうございました。突然の決断で皆さまを驚かせることになってしまっていることと思います。心よりお詫び致します。

小学校教師としての三十三年間という時間の中で、多くの皆さまに評価をいただいてきました教育実践をより広く、より積極的に全国へ伝えていきたい、そうすることにこれからの全精力を費やそうという想いでの苦渋の決断でした。
　小学校教師を退職し立場を変えたことにより、より多くの方のニーズに寄り添い、互いに学び合い、日本の教育を変えるために尽力できる環境が整ったことになったともいえるかもしれません。
　今後ともどうぞよろしくお願い致します。

　私は、坂本龍馬の思いを自分に重ね、平成の今の時代にふさわしい「これからの教育観」をいだきながら、その実現を目指して、新たなスタートを切ったのです。

二〇一五年五月一日　菊池省三

（1）ＳＡ　成長段階　B→A→SuperA
（2）ＦＭＣ　指導のタイプ　Father＝厳しい　Mother＝優しい　Child=楽しい

挑む　もくじ

第八章　挑む

第一章　私の歩んだ道

愛媛県で生まれ育つ

私は、一九五九年（昭和三四年）四月七日に、愛媛県の八幡浜市に生まれました。男ばかりの三人兄弟の真ん中です。

父は、中学校の教師をしていましたが、教職員組合の活動家として目立っていたこともあって、ほぼ毎年異動をさせられていました。父親の異動とともに毎年のように転校していた私は、誕生日の四月七日は、始業式と重なることが多く、新しい学校の新しい教室の前に立って自己紹介をしていたことを思い出します。

少年期は愛媛県内を転々としていたわけですが、生まれ育った場所は、やはり自身に様々な形で影響を与えていると、今になって思います。

そんな引っ越し続きの生活の中では珍しく、中学一年から三年の三年間は、私は、愛媛県喜多郡大瀬村（現内子町）に住んでいました。道路の向かいが小説家の大江健三郎氏の生家でした。大江先生は、一九三五年にお生まれになっていますので、私とは、ちょうど二回り違うことになります。私が十五歳頃でしたから、大江先生はその頃四〇歳前後だったことになります。二三歳で芥川賞を受賞され、三二歳で谷崎潤一郎賞を受賞されていま

▲大江健三郎氏の生家のある街並。（撮影2015年６月６日）

▲現在の愛媛県立大洲高校と「中江藤樹邸跡」の案内。

すので、すでに小説家としての地位を確立されていた時代だということになります。もちろん、当時大江先生は生家にお住まいではありませんでしたが、先生が帰省されると村中がざわざわとした感じになったことをよく覚えています。当時は電話のない家庭も多かった時代で、私の家にもまだありませんでした。電話を使う必要があるときは、向かいの大江さんの家の電話をお借りしていました。ハンドルをぐるぐると回すタイプの電話機だったことを覚えています。子ども心に立派な先生を輩出した村なのだと、誇りに感じていたものです。

父親が多忙だったため、私には、家族揃って旅行に連れて行ってもらったという経験がほとんどありません。そんな中で、家族揃って高知県の桂浜に行ったことは楽しかった思い出として鮮明に残っています。

父親は、私たち三人の兄弟に向かって、桂浜に立つ坂本龍馬の像を指さしながら、

「なんで、龍馬は右手を懐に入れているか分かるか？」

と訊きました。少年である私たちが分かるはずもないのですが、

「龍馬は、いつでも戦えるようにと懐の中にピストルを忍ばせていて、それを握っているんだ」

と教えてくれました。龍馬は、北辰一刀流の免許皆伝の腕前でしたが、刀で敵を切ることを好まず、ピストルを懐に忍ばせていたと言われています。これは俗説だと言う人もいるようですが、少年時代に父親から聞いた話として私の中にははっきりと残り、男の生き方の「覚悟」として、人格形成に大きな影響を与えたことは間違いありません。

退職の報告を二〇一五年四月一日に Facebook 上に書き記した際に坂本龍馬像の写真を同時にアップしたのは、そんな思い出があったからです。自身のこれから進むべき道を考え、私なりの「覚悟」をお伝えしたいという思いでした。

私はその後、愛媛県立大洲高校に進学しました。

大洲高校は、江戸時代初期の代表的儒学者である中江藤樹（一六〇八年（慶長一三年）～一六四八年（慶安元年））が少年時代から青年時代に暮らした屋敷の跡地に明治三四年四月、愛媛県立宇和島中学校大洲分校がつくられたことから始まっています。そのために、大洲高校は、「中江藤樹邸址（ていし）校」と呼ばれていた時代があるようです。

中江藤樹は、その思想から日本の陽明学の祖と言われていますが、中国・王陽明の「知行合一（知と行を切り離して考えるべきでない）」という教えを根本に人を愛し、敬う心を説かれました。

大洲高校は、その「知行合一」の教えを教育の根本に今でも据えています。私が高校時代を過ごしてから四〇年近くも経っていますが、現在、大洲高校のホームページを見ると「指導目標」として「中江藤樹邸址校生徒としての自覚をもたせ、藤樹精神の『知行合一』を校風の中心とし、自信と誇りをもって夢を実現していくことのできる心豊かな生徒を育成する」とあり、伝統が受け継がれていることが分かります。

中江藤樹の思想には、身分の上下をこえた平等思想に特徴があり、武士だけでなく農民、商人、職人にまで広く浸透して、江戸の中期頃から、自然発生的に「近江聖人」と称えられたといいます。「中江藤樹邸址校」の大洲高校での三年間は、自身の人格形成に少なからず影響を与えたと思っています。

もう一つ、大洲高校が最近全国的に話題になったことがあります。

それは、二〇一四年（平成二六年）に、大洲高校の五年先輩である中村修二氏がノーベル物理学賞を受賞したことです。

中村修二先生は、一九五四年に愛媛県西宇和郡四ツ浜村にお生まれになり、大洲高校で学ばれたのち、徳島大学に進まれました。五年先輩ですから同時期に高校に在籍していたわけではありませんが、ニュースで高校の先輩がノーベル賞を受賞されたと聞いた時、とても誇らしく思い、また興奮しました。

その中村先生は、授賞式の後、日本人記者団からスウェーデン国王から授与されたメダルについて感想を求められると、「ただの金属」と答えられたというニュースを聞いたときも、思わず我が意を得たりという気持ちになりました。

また、中村先生はご自身の研究の原動力は「怒り」であると、受賞後の記者会見で言われていました。日本の運命共同体的な企業の中で、一人ひとりの責任と成果が追求されないことに対する「怒り」なのだろうと私なりに理解していますが、これは、私も教員生活の中でずっと抱いていた感情と重なることの多い思いです。

山口大学で学ぶ

山口大学に進んでからは、自慢にもなりませんが、ほとんど勉強はしませんでした。友達と酒を飲みながら語り明かす毎日を送っていました。

私は、山口大学時代の四年間ずっと、松風寮という学生寮に住んでいました。この松風寮は、一八五九年（安政六年）の安政の大獄で明治維新の先駆者である吉田松陰が処刑されて百年にあたる昭和三十四年を目指して、昭和三一年に松陰先生百年祭記念事業推進会が発足し記念事業が計画された中で建設されたものです。松風寮は、山口大学生を入寮させ、そこでの生活をとおして吉田松陰の精神を学ばせるという願いが込められていました。そこで、勉強もせずに酒を飲んでばかりいたのですから申し訳ない限りですが、寮の中に流れる精神的な伝統は肌でずっと感じながら過ごしたことは間違いありません。

私が大学を卒業した昭和五七年三月に市道の改修工事のため松風寮は閉鎖となりましたが、松陰先生の遺志を継承する青年の一人として最後の寮生であったことは、嬉しく思っています。

私の青年教師時代

私は、山口大学を卒業すると同時に福岡県北九州市で教師になりました。一九八二年（昭和五七年）のことです。愛媛県で生まれ育ち、山口県で大学時代を過ごし、福岡県北九州市で教師になったことは、しがらみのない人間関係の中で自由に自分の思うことを実践することができたという意味で、とてもよかったと思っています。教師の世界では、地域の○○大学出身とか△△大学出身の人たちがグループを作って、地元の教育界に大きな影響力をもっていることが少なくありません。それがプラスに働くことももちろんありますが、変化の乏しい教育界、旧態依然とした教育界を形成する要因になっていることは間違いないと思っています。

私が二〇代の頃に教師として歩んだ道については、最近「達人教師の20代」（日本標準刊）に書かせていただきましたので、そちらをお読みいただけたらと思います。

青年教師菊池省三の一端を示すエピソードをお伝えしようと思います。

二〇一五年のお正月に、二八年前の教え子で、現在ライターとして活躍されている吉崎エイジーニョ（吉崎英治）君が、段ボールを抱えて菊池道場を訪ねてきました。

その中には、当時二七歳の私が進めていた作文指導に関する数々の「証拠品」が入っていました。私は、教師に成りたての頃から地元のサークルに出かけては学んだり、若手教師だけが集まっての勉強会を毎週していました。その中心は作文指導でした。当時は、作文の指導はある意味当たり前のように各教室で行われていたように思います。周りの先生たちがしているから私も始めた、というのが正直なところです。

吉崎君のお父さんは読売新聞北九州支局で記者をされていました。それを知った私は、吉崎君に、

「お父さんに、このクラスを取材して記事にしてもらおう」と頼み、それが実現しました（一九八七年（昭和六二年）三月一六日読売新聞北九州版掲載。【『人間を育てる　菊池道場流　作文の指導』10ページ所収　中村堂刊】）。

そこには、「文章で書くことで、自分を見つめたり、高めることができる」という私の言葉が紹介されていますが、これは、その後、三十年近くたった今も変わらない私の教育信条の一つです。

記事の中心は、卒業の思い出に個人文集をまとめたということで、学級平均で四百字詰め原稿用紙百枚以上、多い子は四百枚を超える「大作」を書き、それを記念として製本し完成させたというものです。

吉崎君は、その時の新聞記事と、自身の個人文集を持ってきてくれました。

卒業記念個人文集のほかに修学旅行個人文集もあり、本当になつかしくページをめくりました。

その文集の中に、私の字で書かれた二枚のプリントを発見しました。

「だまっている君へ」というタイトルのプリントです。どんな状況の中でこのプリントを

書いたのさえ私は覚えていなかったのですが、吉崎君は、
「給食の片付けのときに、器が一つ机の上に残っていて、それを見た菊池先生が『これ、
誰が使ったものだ？』と尋ねられたのに対し、誰も返事をしなかったことが発端ではなか
ったかと思う」
と教えてくれました。
どうぞ、読んでみてください。

「だまっている君へ」

もう十一時は　とっくに過ぎました。
もう君は　ねているのでしょうか。
夢をみているなら　どんな夢でしょうか。
今はもう　だまっている君のことを
ぼんやりと考えています。

君のことが　あれこれ浮かんでは消えていきます。

ただ、かわいそう　という言葉が
どうしても何度も浮かんでしまいます。

何が　かわいそう　なのかわかりますか。
小学校生活もあと少しになったのに
「私がしました」のたった一言も言えないからです。
六年間　何もない君だからです。
かわいそうです。

どうしてか　わかりますか。
先生は　国語が好きだから
君の一年生の時から　ふりかえってみましょうか。

「おおきなかぶ」
最後になって
「うんとこしょ、どっこいしょ。

とうとう　かぶは　ぬけました。」
みんなで　力を合わせて　大きなかぶが　とうとう
ぬけたのですね。君も　クラスのみんなと大きな
声を出して読んだでしょうね。でも、君は、
「とうとう」にこめられた　みんなで協力・助けあうという　あたたかさを、今も知らないのですね。

二年生
「お手紙」

だまっている君へ。

あなたには「親友」がいますか。

二年生のこの「お手紙」の中でも「親友」という言葉がもう出ているのですよ。その部分を書きましょうね。思い出して下さい。

「親あいなる　がまがえるくん。ぼくは、きみがぼくの親友であることを、うれしく思っています。　きみの親友　かえる」

君には、親友がいないのでしょうね。

三年生

「手ぶくろを買いに」

母ぎつねは、子ぎつねのことをとても心配していましたね。覚えていますか。「人間」がこわくてね。ぶじに帰ってきた子ぎつねをみて、

「本当に人間は、いいものかしら。

本当に人間は、いいものかしら。」

と母ぎつねはつぶやきましたね。その時、三年生なりに、「人間」というものを考えたでしょうね。

「人間」っていいものだということが、君にはわからないのでしょうね。

四年生

「ごんぎつね」

この話の中で、このことに気づいていたでしょうか。

ごんが兵十につぐないをする場面です。

いわしをうちの中に投げこみましたね。それだけでなくくりも……。そして、最後にごんはうたれましたね。その時は、土間にくりが固めて置いてあったのですよ。

同じつぐないでも、投げこんでいたのから固めて置くほど、深く心が変化していたのですよ。

君には、こんなごんの心の動きが　今でも分からないのでしょうね。

五年生

「わらぐつの中の神様」

大工さんの言葉ですね。

「――いい仕事ってのは、見かけで決まるもんじゃない。使う人の身になって、使いやすく、じょうぶで長持ちするように作るのが、ほんとのいい仕事ってもんだ。――」

君は、ほんとのことがわからず、見かけだけしかわからないのでしょうね。今でも。これから先のことに目を向けて努力する大工さんの逆なのでしょうね。

六年生

教室の自分の席から見まわしてみえる、いくつかの文をもう一度読んでほしいものです。

ただ、それだけです。

こうやって考えるだけで、

君の六年間が見えてくるようで　悲しい。今までの六年生までに習ったことが、せめてひとつでも身についていたら——と思うのです。

それができなかったのだ　としたら、せめて入学式の日、新しいランドセルで校門をくぐった日を　思い出してほしい。

あと　五か月で、六か年がおわろうとしているのに。

今からでもいい。正直に言ってほしい。

せめて残りの五か月だけでいい。

勇気ある毎日をおくれる人になってほしい。

だまっている君の

五年と半年間を思えば思うほど

悲しい。

今読むと、赤面するような文章です。

「だまっている君へ」

もう十一時は　とっくに過ぎました。
もう君は　ねているのでしょうか。
夢をみているなら　どんな夢でしょうか。
今はもう　だまっている君のことを
ぼんやりと考えています。
君のことが　あれこれ浮かんでは消えていきます。
ただ、かわいそう　という言葉が
どうしても何度も浮かんでしまいます。

何が　かわいそう　なのか　わかりますか。
小学校生活もあと少しになったのに
「私がしました」のたった一言も言えないからです。
六年間　何もない君だからです。
かわいそうです。

どうしてか　わかりますか。
先生は　国語が好きだから
君の一年生の時から　ふりかえってみましょうか。
「おおきなかぶ」
最後になって
「うんとこしょ、どっこいしょ」
とうとう　かぶは　ぬけました。
みんなで力を合わせて大きなかぶが　とうとう
ぬけたのですね。君もクラスのみんなと大きな
声を出して読んだでしょうね。でも、君は、
「とうとう」にこめられた　みんなで協力・助けあ
うという　あたたかさを、今も知らないのですね。

二年生
「お手紙」
だまっている君へ。
あなたには「親友」がいますか。
二年生のこの「お手紙」の中でも「親友」
という言葉がもう出ているのですよ。そ
の部分を書きましょうね。思い出して下さい。
「親あいなる　がまがえるくん。ぼくは、
きみがぼくの親友であることを、うれし
く思っています。　きみの親友　かえる」
君には、親友がいないのでしょうね。

三年生
「手ぶくろを買いに」
母ぎつねは、子ぎつねのことをとても心配
していましたね。覚えていますか。「人間」
がこわくてね。　ぶじに帰ってきた子ぎつ
ねをみて、
「本当に人間は、いいものかしら。
本当に人間は、いいものかしら」
と母ぎつねはつぶやきましたね。その時、
三年生なりに、「人間」というものを考え
たでしょうね。
「人間」っていいものだということが、君には
わからないのでしょうね。

四年生
「ごんぎつね」

「だまっている君へ」①

この話の中で、このことに気づいていたでしょうか。

ごんが兵十につぐないをする場面です。

いわしを　うちの中へ投げこみましたね。それだけでなくくりも……　そして、最後にごんはうたれましたね。その時は、土間にくりが固めて置いてあったのですよ。

同じつぐないでも、投げこんでいたのから固めて置くほど、深く心が変化していたのですよ。

君には、こんなごんの心の動きが今でもわからないのでしょうね。

五年生
「わらぐつの中の神様」

大工さんの言葉ですね。

「――いい仕事ってのは、見かけで決まるもんじゃない。使う人の身になって、使いやすく、じょうぶで長持ちするように作るのが、ほんとのいい仕事ってもんだ。――」

君は、ほんとのことがわからず、見かけだけしかわからないのでしょうね。今でも。これから先のことに目をむけて努力する大工さんの逆なのでしょうね。

六年生
教室の自分の席から見まわしてみえる、いくつかの文をもう一度読んでほしいものです。　ただ、それだけです。
こうやって考えるだけで、
君の六年間が見えてくるようで　悲しい。

今までの六年生までに習ったことが、せめてひとつでも身たついていたら――と思うのです。

それができなかったのだ　としたら、せめて入学式の日、新しいランドセルで校門をくぐった日を思い出してほしい。

あと五か月で、六か年がおわろうとしているのに。

今からでもいい。正直に言ってほしい。

せめて残りの五か月だけでいい。

勇気ある毎日をおくれる人になってほしい。

だまっている君の
五年と半年間を思えば思うほど
悲しい。

足原小学校　六年四組（吉崎平治）

ぼくは書いた人は、おこられると思って言ってこないんだと思います。だから、もう少し期間をまってやってそれでおちついて、あせりの心がなくなったら、言いにくく確率が大きくなるとおもいます。

自分がもし書いた本人だったら、みんなにめいわくをかけたくないと思って言いに行くと思います。

でてこないから書いた人は不ゆかいです。

けいさつの調査で書いた人がわかってもその人はいわないで下さい。ぼくみたいな人がいるから、うらまれたりしたらよけいつらくなるのでいわないで下さい

「だまっている君へ」②

現物の写真をみていただくと分かりますが、プリントの最後には、児童に感想を書かせるスペースまで用意してあり、実際にそこに書かせる授業をしたことが、吉崎君の文字が残っていることから分かります。これを読み、感想を書かされたとき吉崎君は、

「もうええやん、先生」

と思ったと、二八年後に明かしてくれました。

さらに、吉崎君はもう一つのできごとを覚えてくれていました。

今もあるのかもしれませんが、当時の女の子たちの間で「丸文字」と呼ばれた字の書き方がはやっていました。調べてみると、一九七〇年代から一九八〇年代に、女子小中高生の間で「丸文字」が広く用いられていたということですので、時期的にもちょうど重なっています。

学校のノートに書くときは、子どもたちも意識してそのような文字は使っていなかったようですが、ある日、一人の女の子が丸文字で書いたノートを私に提出したのを見て激怒したというのです。そして、

「お前らは、江戸時代以降の日本人全員に謝れ！」

と怒鳴ったというのです。

かな文字が発明された「平安時代以降」ならともかく、なぜか「江戸時代」と言っている私の発言の意味もよく分からないまま、クラス全員で丸文字を書かないように謝ったと、吉崎君は教えてくれました。

若い頃の自分は、「瞬間湯沸かし器」のようだったと思うこともあります。よく言えば、「熱血あふれる教師」ではあったようです。

教師の骨格

そんな私が、今日の実践の根幹となるコミュニケーション教育へと舵を切ったのは、ある一つのできごとがきっかけでした。

新任教師時代からある意味当たり前のように作文の指導を進め、子どもたちもそれに応えてくれていました。どの子にも、一定の表現力があったのだろうと思います。

自分も三〇歳を超えた教師生活九年目のときのことです。前の年に今でいう「学級崩壊」をしていたクラスを担任することになりました。六年生でした。子どもたちは五年生からそのまま持ち上がりでしたので、クラスの子どもたちは同じで担任である私が替わっただけでした。新年度のスタートの日、私は、

「先生は、みんなと今日会ったばかりで、みんなのことが分からないから、自己紹介をしてください」

と言って促しました。すると、三十何人かの中の三、四人が自己紹介をできずに泣き出してしまったのです。

「私の名前は、〇〇〇〇です。好きなスポーツは、サッカーです」というレベルの自己紹介ができなくて、みんなの前で泣き出したときには、本当に驚きました。学級が崩壊していたような集団の中では、安心して自分を開示することができないのだということに気付いた最初だと言ってよいでしょう。

それまで、学級担任をしてきて、原稿用紙百枚以上の作文を書かせるという取り組みをしてきた自分が初めて、自己紹介ができずに泣き出すというレベルの子どもたちと出会ったのです。それは、一人ひとりの問題もそうですが、学級という集団が成長していないとどうなるかということも知らされたできごとだったのです。

そんな六年生と出会ったときに、単純ですが、まずは「一年間で、人前でひとまとまりの話ができる子どもに育てなくてはいけない」と思ったのです。

時代は、ちょうど平成になった頃でした。

そんなできごとに遭遇するのと同時に、そろそろ教師生活も十年になろうという頃でしたから、経験を積む中で、学校現場は旧態依然としていて、社会の変化に対応しきれていないのではないかと感じ始めてもいました。

私は、目の前の子どもに変化を感じたとき、それに対応するために「コミュニケーション教育」という方法を選びました。ただ、教育実践や教育書の中には前例がなく、「話すこと・聞くこと」に関する教材もないですし、教えようと思っても、私自身がコミュニケーションに関する教育を受けていないわけですから、教えることができるはずもありません。一般書やビジネス書の中から参考になるものを探し出し、何をどのように教えたらよいかを考えるという試行錯誤の中で、小学校における「コミュニケーション教育」のあり方を模索しました。

コミュニケーションの指導をしていくと、子どもたちの大きな成長を実感しました。一人ひとりが積極的になったり、友達と友達の横の関係が温かくなったりしていく様子を見て、コミュニケーション教育は、人間形成にとても良い影響を与えられることを感じました。

地域には教育委員会があって、その下に各学校があって管理職がいます。また、教師同士の横の研究組織として各教科の研究会があって様々な研修が行われています。現在もそれは同じです。そうした組織は、現在の子どもたちの状況に即応しながら、変化できているでしょうか。起こったできごとに対しては「現場」ですから、対応せざるを得ません。その意味では「対応」はしています。ただそれは、対処療法であって、子どもの根本に部分に踏み込んだ対応とはいえないというのが、私の考えです。

卒業した大学、専門とする教科の研究会、場合によっては所属する民間の教育サークル……、こういった組織が権限をもって地域の教育を左右している現状が確かにあります。私は、大学の閥や様々な組織に属さない、一党一派に属さないことを信条として、これまでの教師人生を送ってきました。それは、自由に、自分の信ずる「教育の価値」を追い求めるためには必要だったからです。そして、このたび、教職を一旦退いた理由も、さらなる自由な立場で、自身の教育的信条を信じて、気持ちの赴くままに、残された時間を精一杯、最大限に使ってみたいと思ったからなのです。

第一章　変容する現代の子どもと子どもをめぐる社会状況

社会の変化

この数字をご覧ください。

四五六五六二　五六六三四一　五六五六五六　三四五六五六　五六五六六六　六五六

これは、私が三十三年間の教師生活の中で、担任をした小学校の学年の一覧です。一年生と二年生が一回ずつ、中学年が五回、他の二十六回が高学年でした。

私は一九八二年（昭和五七年）に北九州市の小学校教師になりました。

北九州では、基本的には六年間を一つの単位として学校を異動する制度になっていました。六年ごとに空きがあるのはその意味です。三十三年間の教師生活で六つの小学校に勤務しました。

時代が昭和から平成に移ったのが、私の教師生活七年目になりますが、平成に入って間もなくの教師生活九年目に、クラスの中で自己紹介ができず泣き出してしまう子どもに初めて遭遇しました。

振り返ると、この平成になった頃から、学校の中に、子どもたちの様子に、大きな変化があったように思います。

簡単に言えば、「打てば響く時代」が終わって、「一人ひとりに合った対応が必要な時代」になったということです。

こうした変化は何が原因で起こっているのでしょうか。

私が教員になった一九八二年（昭和五七年）から二〇〇八年（平成二〇年）の期間で、社会に起こった出来事、なかでも教育、子どもに関すること、あるいは子どもたちに大きな影響を与えたと思われる出来事を列挙してみます。

一九八二年（昭和五七年）三月　全国の中・高校卒業式で校内暴力に備え警官が立ち入り警戒

一九八三年（昭和五八年）四月　東京ディズニーランド開園

六月　戸塚ヨットスクール事件

一九八四年（昭和五九年）八月　臨時教育審議会設置

一九八五年（昭和六〇年）全国の小中学校で「いじめ」横行

一九八六年（昭和六一年）二月　東京・中野の公立中学二年生がいじめを苦に自殺

四月　男女雇用機会均等法施行

一九八七年（昭和六二年）四月　国鉄民営化、東京の地価上昇率過去最高
十月　ブラックマンデー　株暴落
一九八八年（昭和六三年）一二月　週刊少年ジャンプ五百万部突破
一九八九年（昭和六四年・平成元年）四月　消費税スタート
一九九〇年（平成二年）一月　大学入試センター試験スタート
二月　ドラゴンクエストⅣ発売
この年の流行語「バブル崩壊」
一九九一年（平成三年）この年の流行語「損失補填」
一九九二年（平成四年）バブルのつけ表面化
九月　国公立小中高校等、第二土曜日休校に
一九九三年（平成五年）五月　Jリーグ発足、この年の流行語「規制緩和」
一九九四年（平成六年）この年の流行語「価格破壊、就職氷河期」
一九九五年（平成七年）一月　阪神淡路大震災
三月　全国で「いじめ」総点検。約一万八千件と判明
四月　国公立小中高校等、第二・第四土曜日休校に
一九九六年（平成八年）公示地価五年連続下落

一九九七年（平成九年）五月　神戸連続児童殺傷事件
　　　　　　　　　　　八月　不登校の児童生徒急増。九万四千人を超す
　　　　　　　　　　一一月　北海道拓殖銀行、山一證券破綻
一九九八年（平成一〇年）四月　老年人口が初めて一五歳未満の子ども人口を上回る。この年の流行語「キレる」
一九九九年（平成一一年）八月　日の丸、君が代を国旗・国家とする法律成立、施行
二〇〇〇年（平成一二年）八月　NTTドコモの i-mode が加入者一千万を突破
二〇〇一年（平成一三年）九月　平均株価、一七年ぶりに一万円割れ。この年の流行語「聖域なき改革」
二〇〇二年（平成一四年）四月　学習指導要領改訂により「ゆとり教育」スタート。この年の流行語「貸し剥がし」
二〇〇三年（平成一五年）五月　「個人情報保護関連五法」成立
　　　　　　　　　　一一月　最高裁、小学校時代の指導要録の本人への客観記録開示を認める
二〇〇四年（平成一六年）消費者物価五年連続下落。この年の流行語「自己責任」
二〇〇五年（平成一七年）二月　生活保護百万世帯突破

二〇〇六年（平成一八年）二月　日本の人口、初の自然減。この年の流行語「格差社会」
二〇〇七年（平成一九年）一月　文部科学省、給食費滞納九万九千人弱、二二億円と発表
四月　小六と中三を対象に全国学力テストを四三年ぶりに実施
二〇〇八年（平成二〇年）一二月　東京・日比谷公園に「年越し派遣村」開設。ベストセラー「反貧困（湯浅誠）」

※以上、「昭和・平成　現在史年表　増補版（小学館刊）」を参考にしました。

いろいろと思い出すことがあります。ただ、「これがきっかけで子どもたちは変わった」というようなはっきりしたきっかけは分かりません。時代が昭和から平成に変わり、平成の時代が進む中で、少しずつ少しずつ子どもたちは変化してきたように思います。

格差と貧困

私が教員を三三年間勤めた北九州市は、東京、名古屋、大阪の三大都市圏以外で初めて

政令指定都市になりました。一九六三年のことです。調べてみると、合併時の人口は約百二万五千人、ピークは、一九七九年の約百七万人です。その後、少しずつ減少して、現在は、九十六万人を切っています。私が北九州で教員になったのは一九八二年ですから、ほぼ人口がピークだった頃ということになります。

北九州市は、石炭や製鉄という日本の近代化を支えた基幹産業を中心に発達してきた街ですが、産業構造が変化するなかで、少しずつ街自体の力が失われてきたのではないかと思います。そんな時の流れを肌で感じてきました。

最後に勤務した学校は、小倉駅にほど近いところにあり繁華街を校区に抱えていました。統合により平成三年に開校した比較的新しい学校でした。繁華街にあるとはいえ、開校当時約五百人いた児童も、現在は三百五十人ほどに減っています。

学校に通って来る子どもたちは、当然地域を反映しています。

都市の真ん中に位置する学校でしたから、子どもたちの家庭状況は多様でした。また、帰国子女や外国人児童の受け入れのセンター校としての役割も担っていた学校でしたので、中国や韓国、フィリピン、メキシコなどの外国人も在籍していました。多様性という点では、トップクラスだったのではないかと思います。

現在、指摘されている格差社会とか子どもの貧困の問題は、私自身も、一人ひとりの児童をとおして目の当たりにしてきました。

貧困について、関連する二つのデータを紹介します。

○被保護実世帯数・保護率の年次推移【グラフ1】

これは国立社会保障・人口問題研究所がまとめたものです(1)。現在、平成二四年分までしか公開されていませんので、データとしては最新ではありませんが、昭和二七年から約六十年間の変化が分かります。昭和二八年には、千世帯のうち四十世帯弱が生活保護を受けていましたが、平成五年~七年辺りに十四世帯へと減少します。その後、再び増加し、平成二四年度には、三十二世帯以上となっています。

二〇一五年(平成二七年)三月に生活保護を受けた世帯数は百六十二万世帯を超えたという速報値を厚生労働省は発表しています。平成二四年のデータよりも五万世帯増えていますから、歯止めはかかっていないようです。

○子どもの貧困【グラフ2】

厚生労働省によると、二〇一二年(平成二四年)の一八歳未満の貧困率は十六・三%で

【グラフ１】 被保護実世帯数・保護率の年次推移

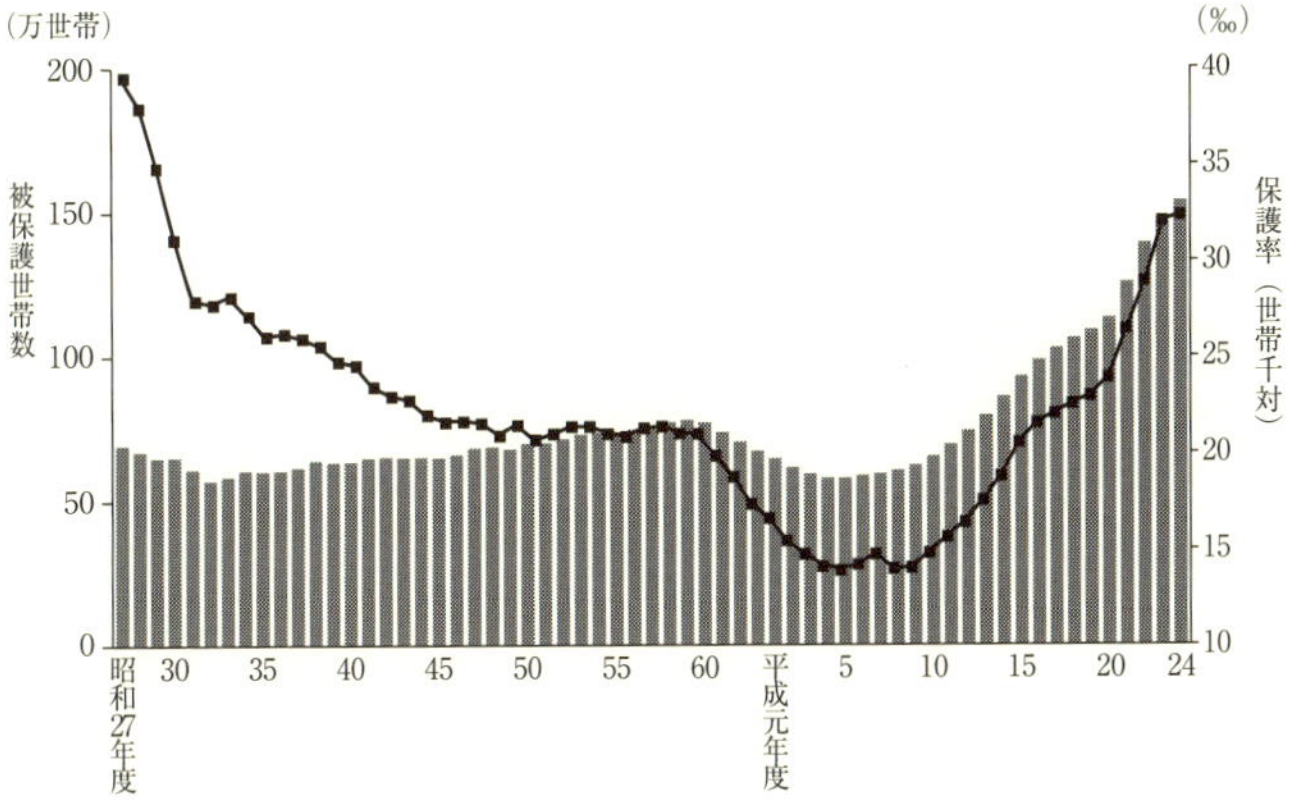

【グラフ２】 貧困率の推移

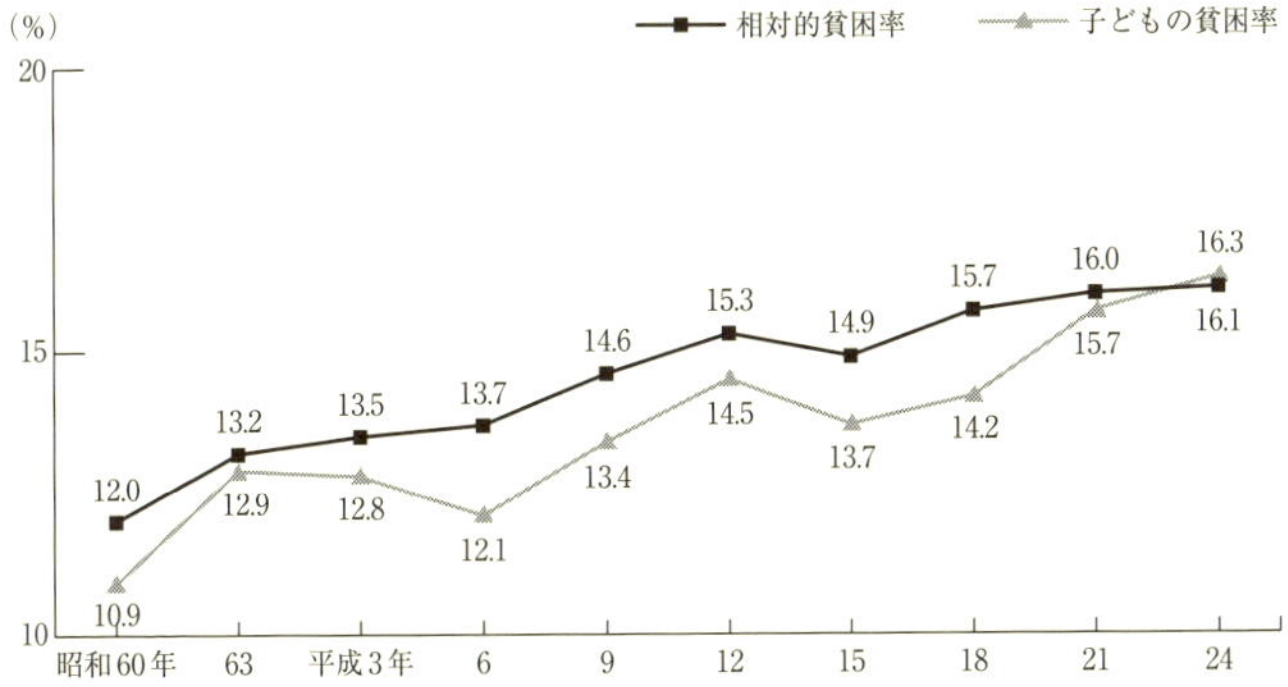

す。貧困率は算出方法はいくつかあるようですが、一般的には「所得が国民の『平均値』の半分に満たない人の割合」を算出した「相対的貧困率」という数値が使われています。

推移を見ると、昭和六十年には十・九パーセントでしたが、平成二四年には十六・三％となっています。

収入と学力

二〇一四年（平成二六年）三月に、前年度に実施された「全国学力・学習状況調査」の結果を活用した「学力に影響を与える要因分析に関する調査研究」の結果が公表されました。[2]お茶の水女子大学の耳塚寛明教授が中心となってまとめられたもので、家庭・地域・学校・施策等の様々な要因が、児童生徒の学力や学習意欲とどのような関係にあるかを総合的に分析されたものです。

「全国学力・学習状況調査」は、二〇〇七年度から実施されていますが、二〇一三年度（平成二五年度）の実施の際には、家庭状況と児童生徒の学力の関係についての分析をするために、児童生徒の家庭における状況や保護者の教育に関する考え方などに関する調査が無作為抽出で同時に行われたのです。「全国学力・学習状況調査」という国が行う調査の分析であり、大変興味深く見させていただきました。マスコミでも関心をもって報道されたのは、その中の「世帯収入（税込年収）と学力の関係」でした。

【グラフ3】と【グラフ4】をご覧ください。小学六年生を対象として実施した国語A問題、国語B問題、算数A問題、算数B問題のそれぞれの正答率を、家庭の収入ごとに算出したものです。Aは、「知識力を問う問題」、Bは、「知識活用力を問う問題」です。

結果は、「世帯収入が高いほど子どもの学力が高い傾向が見られる」ということになるのでしょうか。

子どもたちが放課後、塾に通うことは、普通の状況になっていますが、一定の収入があるからこそ、そうしたことが可能なのですから、この結果は、ある意味予想どおりと言えば予想どおり、当たり前と言えば当たり前と言えるのかもしれませんが、学校の役割も含めて考えさせられることの多い結果です。

どんな家庭環境の中に生まれるか、成長していくかは、子ども本人の選択の力が及ばな

【グラフ３】 世帯収入（税込年収）と学力の関係　小学６年　国語

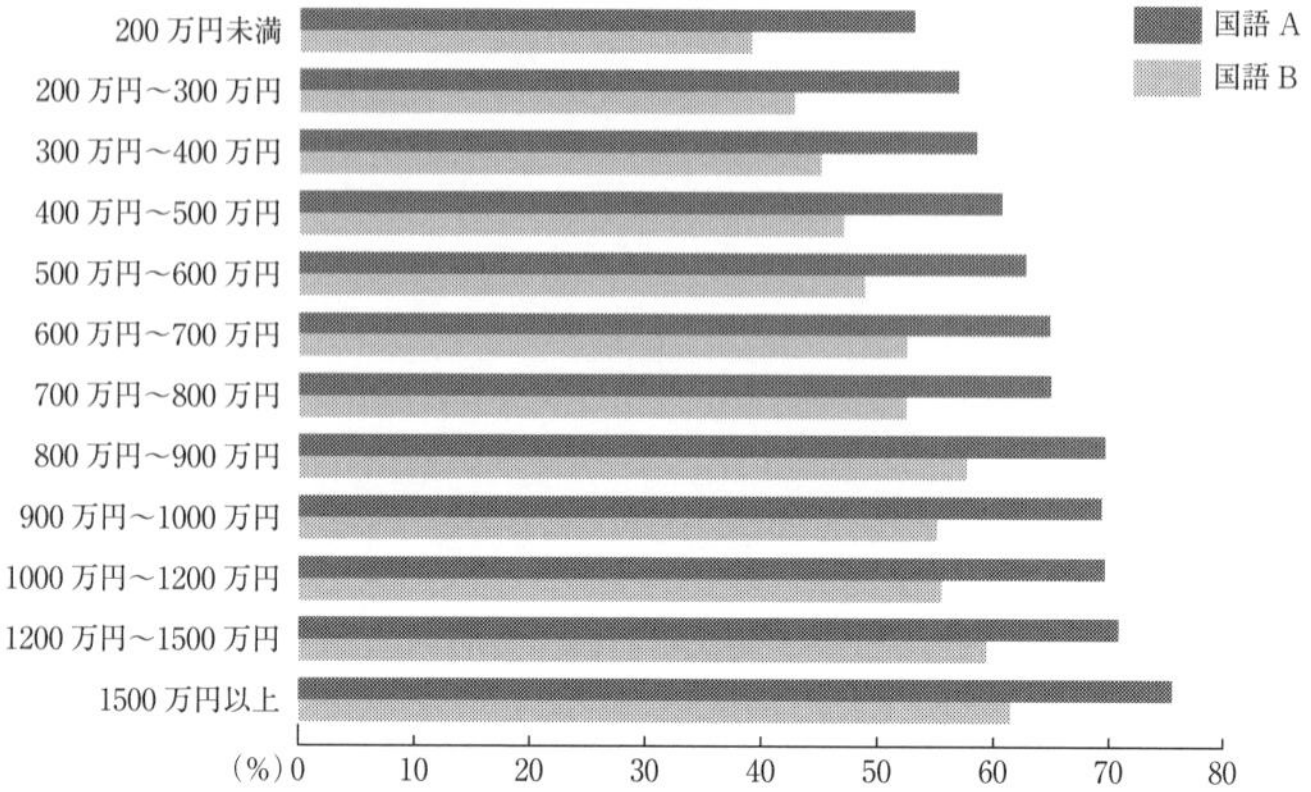

【グラフ４】 世帯収入（税込年収）と学力の関係　小学６年　算数

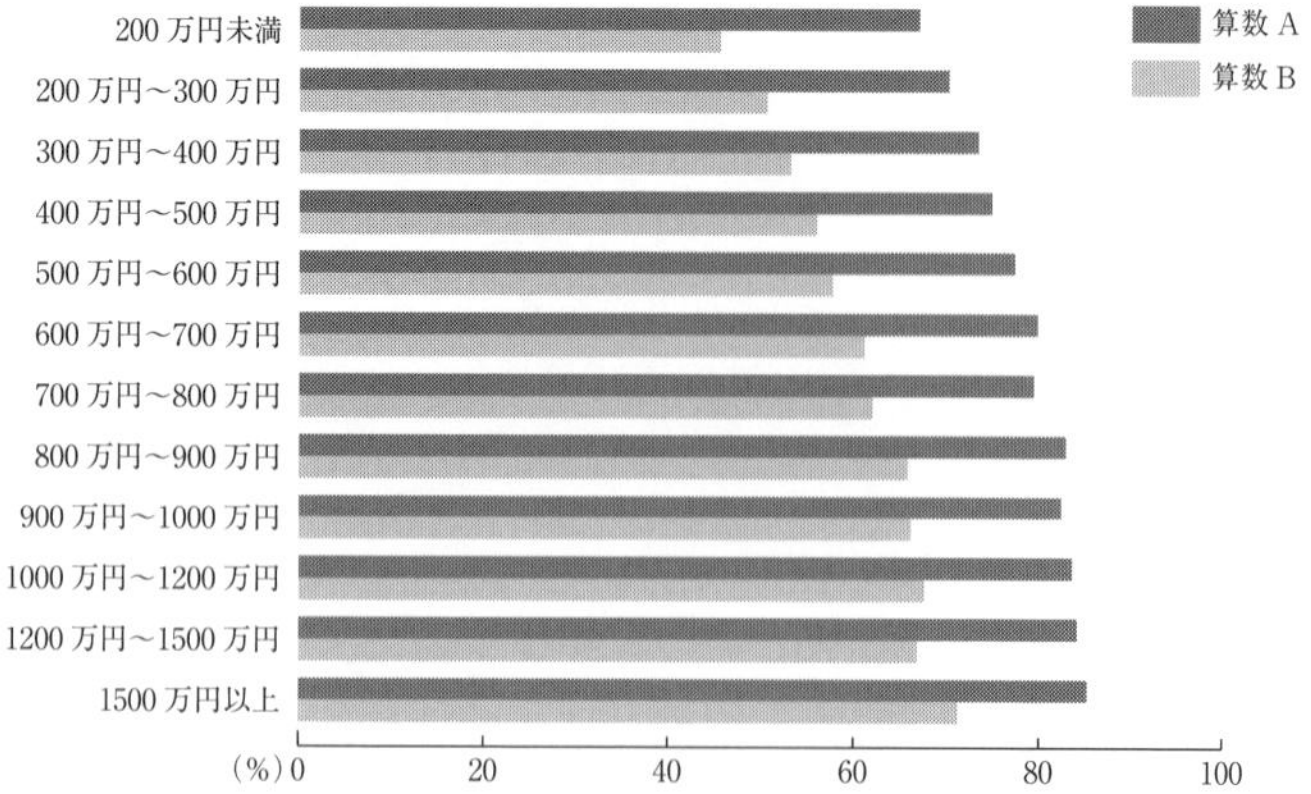

いことです。

そうした環境の中で「見捨てられる子ども」がいます。家庭に見捨てられ、学校に見捨てられ、地域に見捨てられた子どもの行き先はどこにあるのでしょうか。

私は、その意味で「学校は社会の最後のセーフティーネットである」と思っています。

教師の役割

社会的状況は、ますます厳しくなっていくことでしょう。

地域による格差も拡大すると予想されています。公立学校の統廃合も急速な速度で進んでいます【グラフ5】。十年足らずで二千校以上の小学校の数が減っています。学校は、地域の大切な財産です。そこを守る教師の役割は重要です。

また、児童数の減少も深刻です【グラフ6】。現在の児童数は、三十年ほど前の五十五パーセントという状況です。

学級や子どもたちの状況を、

「社会状況の反映だから、私たちにはどうしようもない」

【グラフ５】 公立小学校数の推移

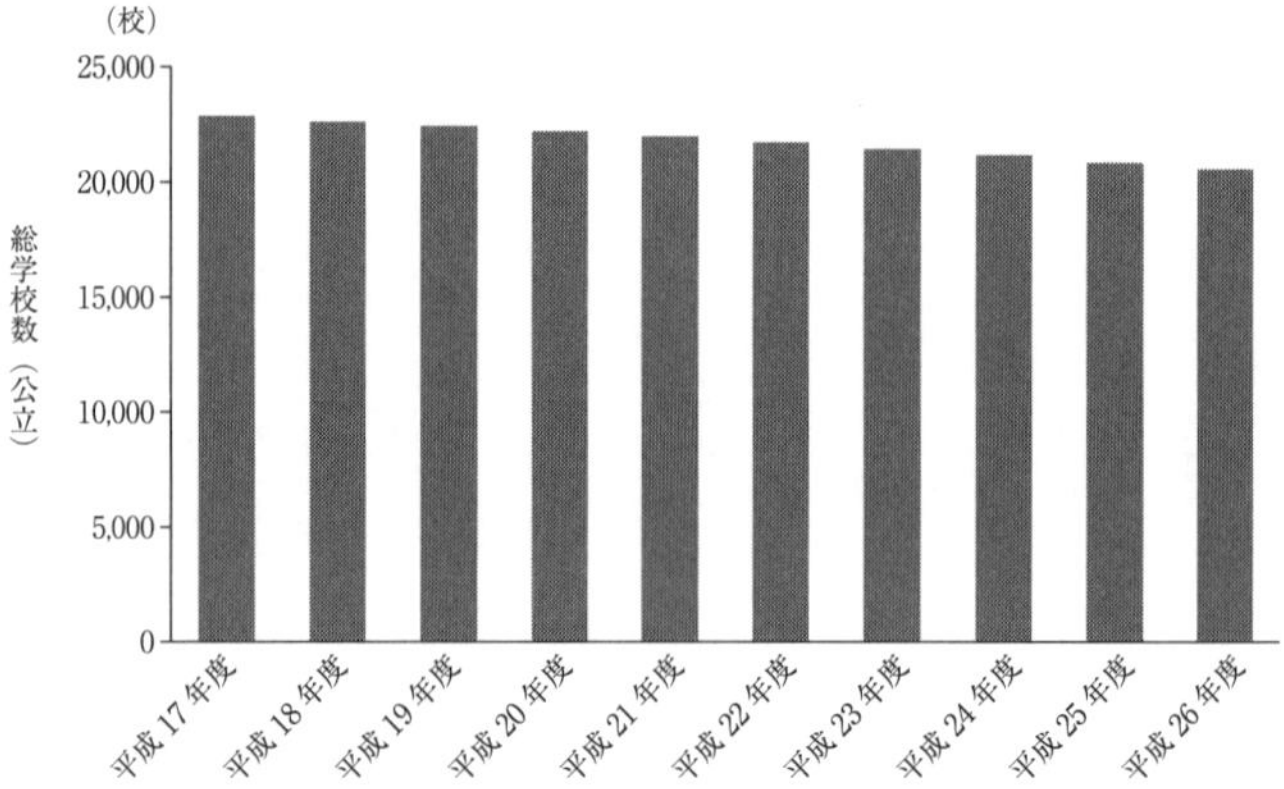

【グラフ６】 小学校在籍児童数の推移

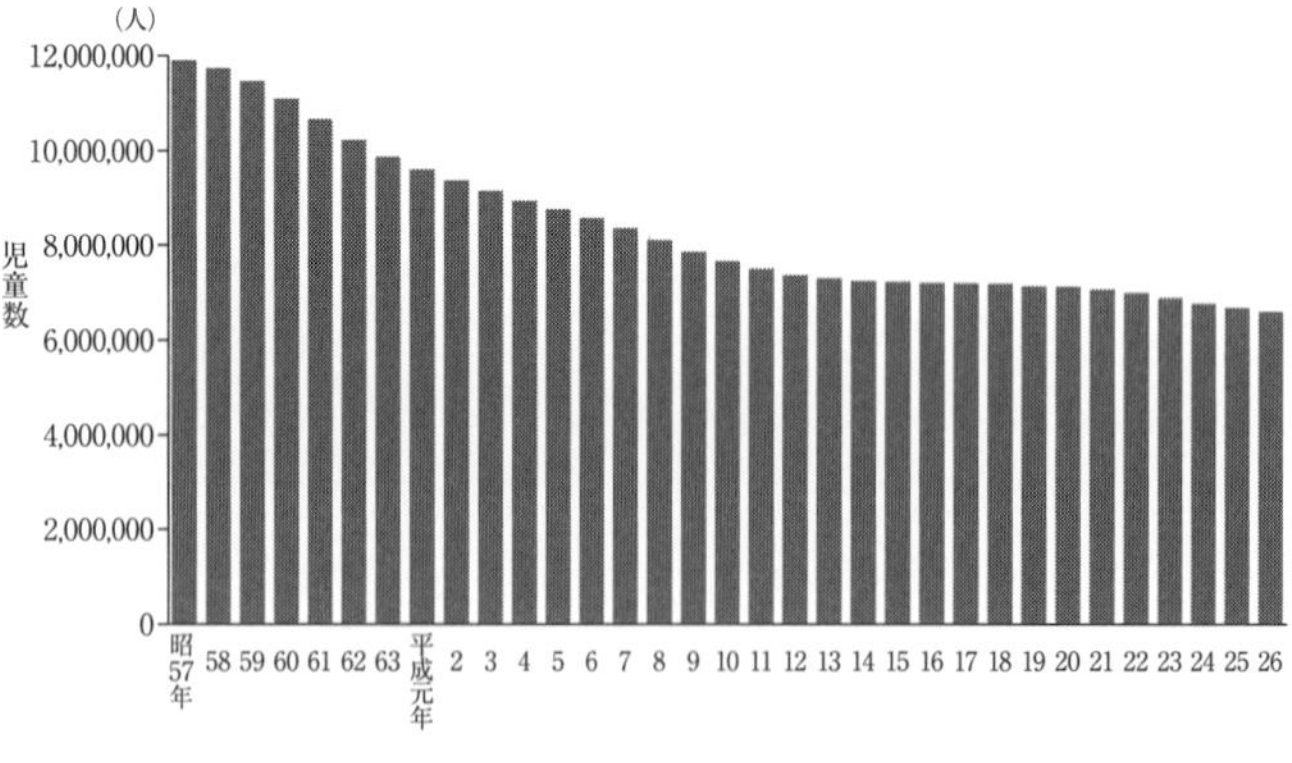

と言うことはできます。

でも、教師の踏ん張りとして、私は、

「誰のせいにもしてはいけない、全て教師の責任である」

との思いで、子どもたちと向き合ってきたつもりです。多くの先生方も、その志で教師という仕事に全力で取り組まれています。

厳しい社会状況を漫然と受け入れるだけではいられないのが、教師という仕事です。学校は、地域のセーフティーネットであるという自覚と覚悟をもって、この仕事に誇りをもって、進んでいきたいと思います。

そんな方々と一緒になって、新しい時代にふさわしい、これからの学校を創っていきたいと強く願っています。

（1）　http://www.ipss.go.jp/s-info/j/seiho/seiho.asp
（2）　http://www.nier.go.jp/13chousakekkahoukoku/kannren_chousa/pdf/hogosha_factorial_experiment.pdf

第三章　求められる学校の役割

■二〇二〇年になくなる仕事

少し前のことですが、インターネット上のサイト「現代ビジネス［講談社］」に、「二〇二〇年『生き残る会社』」「二〇二〇年『なくなる仕事』」という週刊現代発の記事が掲載されました（二〇一三年七月二五日付）(1)。

私が注目したのは、「二〇二〇年『なくなる仕事』」の中に「レンタルビデオ」とか「高速道路の料金徴収業務」といったそうかもしれないと思えるもののほかに、「教員」という仕事があったことです。「『小中高で年間三百〜四百校が廃校になる』（岡山憲史氏）というほどの少子化社会では、知識の伝達しかできない教員は生き残れない」と理由が書かれていました。さらに「高校生までの知識は一つのメモリーデバイスにまとめられ、検索ですぐに知識が得られる時代になる（古我知史氏）」ともありました。

二〇一五年五月一二日には、文部科学省が設けた「デジタル教科書」の検討会議がスタートして初会合が開かれています。この会議では、従来の紙の教科書を個別にデジタル化したものではなく、子ども一人に一台のタブレット端末を用意して、教科書の内容を全て取り込み、児童がそれを使用して学ぶことを想定しています。先の古我氏の指摘が現実のものになろうとしています。これが実現すると、「知識の伝達」が中心となる教室では、教員の役割は、タブレットの使用方法を説明することになりかねません。

こうした時代の中、今改めて「学校は何をするところか」「学校で付けさせるべき力とは何か」を、本気で私たち一人ひとりが考え直す必要があると思うのです。

一斉授業から話し合いの授業へ

戦後日本の義務教育では、その授業形態の多くを「一斉授業」で行ってきました。しかし、社会は大きく変化し、社会が求める人間像も変わりつつあります。一斉授業でまんべんなく均一的に知識を伝達することを目的とした教育では、現代社会の要請に応えていくことはできません。

日本の教師の力量の高さは、様々な形でたびたび評価されてきました。私自身、周りにいらっしゃった一人ひとりの先生を思い出しても、優れた方々が多かったと思います。

アメリカの教育学者であるジェームス・W・スティグラーという学者が、「日本の算数・数学教育に学べ――米国が注目する jugyou kenkyuu」という本を書き、日本でも二〇〇二年に発刊されています。タイトルには「jugyou kenkyuu」とあるとおり、日本の教育の質の高さの理由を「授業研究」だと指摘し、英語に直さずに、そのまま「jugyou kenkyuu」と紹介しています。日本の教師は、日常的に授業研究をし、教材研究をし、各学校では研究課題を設定して、積極的に公開研究会が行われています。そうした地道な取り組みを日常的にしてきた結果として、世界に誇ることができる日本の教育の質をつくってきたのだと思います。

しかしながら、こうした積み重ねも基本的には「一斉授業」という大きな仕組みの中での工夫でした。子どもたちにどのように分かりやすく教えるか、子どもが上手く理解できる方法は何か、といった教授法の研究でした。

民間の教育団体も、その多くは特定の教科の研究を深く掘り下げるもので、授業にもどったときにはやはり「一斉授業」を前提としたものです。

社会の変化の中で、学校が求められる変化とはどんなことでしょうか。そうしたことへの問題意識は当然多くの方がもたれ、学校教育のあり方も変えていこうという大きな流れもできつつあるように思います。

平成二六年一一月二〇日に文部科学大臣名で、中央教育審議会にあてて、「初等中等教育における教育課程の基準等の在り方について」という諮問文が出されました[2]。東京オリンピックが開催される二〇二〇年（平成三二年）には、小学校で新しい学習指導要領を実施する計画を前提として検討が始まったのです。

その諮問文の冒頭に書かれている文章を引用します。

今の子供たちやこれから誕生する子供たちが、成人して社会で活躍する頃には、我が国は、厳しい挑戦の時代を迎えていると予想されます。生産年齢人口の減少、グローバル化の進展や絶え間ない技術革新等により、社会構造や雇用環境は大きく変化し、子供たちが就くことになる職業の在り方についても、現在とは様変わりすることになるだろうと指摘されています。また、成熟社会を迎えた我が国が、個人と社会の豊かさを追求していくためには、一人一人の多様性を原動力とし、新たな価値を生み出していくことが必要となります。

我が国の将来を担う子供たちには、こうした変化を乗り越え、伝統や文化に立脚し、高い志や意欲を持つ自立した人間として、他者と協働しながら価値の創造に挑み、未来を切り開いていく力を身に付けることが求められます。

そのためには、教育の在り方も一層の進化を遂げなければなりません。個々人の潜在的な力を最大限に引き出すことにより、一人一人が互いを認め合い、尊重し合いながら自己実現を図り、幸福な人生を送れるようにするとともに、より良い社会を築いていくことができるよう、初等中等教育における教育課程についても新たな在り方を構築していくことが必要です。（中略）

こうした状況も踏まえながら、今後、一人一人の可能性をより一層伸ばし、新しい時代を生きる上で必要な資質・能力を確実に育んでいくことを目指し、未来に向けて学習指導要領等の改善を図る必要があります。（後略）

「子供たちが就くことになる職業の在り方についても、現在とは様変わりすることになるだろうと指摘されています」との指摘は、この章の最初に書いたことと重なり、その認識は正しいと思います。

「一人一人の多様性を原動力とし、新たな価値を生み出していくことが必要となります」という問題意識は、今後の学校教育の目指す方向だと確信します。

そして、「一人一人の可能性をより一層伸ばし、新しい時代を生きる上で必要な資質・能力を確実に育んでいくこと」こそを、私はこれまで取り組んできたつもりです。

また、諮問文の中で現状の日本の子どもたちの分析を次のようにしています。

我が国の子供たちについては、判断の根拠や理由を示しながら自分の考えを述べることについて課題が指摘されることや、自己肯定感や学習意欲、社会参画の意識等が国際的に見て低いことなど、子供の自信を育み能力を引き出すことは必ずしも十分にできておらず、教育基本法の理念が十分に実現しているとは言い難い状況です。また、成熟社会において新たな価値を創造していくためには、一人一人が互いの異なる背景を尊重し、それぞれが多様な経験を重ねながら、様々な得意分野の能力を伸ばしていくことが、これまで以上に強く求められます。

私も、ほぼ同じと言ってよい状況認識をしています。「自己紹介のできない子どもに出会ったこと」が、私のコミュニケーション教育のスタートだったことは述べました。「教育基本法の理念が十分に実現しているとは言い難い状況です」という認識に共感はしますが、「よくぞ書いたな。いや、こんなこと正直に書いていいの」とすら思います。「一人一人が互いの異なる背景」を背負って学校に来ていることは間違いなく、学校・教室がそのまま社会の縮図であるとの思いは、近年、ますます強くしていたところです。

このように、お互いを信用できる土台がないままに多様化している教室のたどりついた先が、「学級崩壊」と呼ばれる現象だろうと私は思っています。お互いがお互いを信頼できず、自信がないから表面的な関係だけで友達と「つるみ」、他からの評価が怖いから攻撃的になったり、投げやりな態度をとったり、わざと興味なさそうにダルそうなふるまいをしたり……。

新しい学習指導要領を考えるスタートで、こうした問題意識・状況認識が掲げられていることに対して、大いに期待をするものです。

そして、今回の検討の中では、それを解決していく方法として「アクティブ・ラーニング」という手法の導入が目指されています。

諮問文の続きを引用します。


そのために必要な力を子供たちに育むためには、「何を教えるか」という知識の質や量の改善はもちろんのこと、「どのように学ぶか」という、学びの質や深まりを重視することが必要であり、課題の発見と解決に向けて主体的・協働的に学ぶ学習（いわゆる「アクティ

「初等中等教育における教育課程の基準等の在り方について」諮問の概要　資料1－2

趣旨

◆ 子供たちが成人して社会で活躍する頃には、生産年齢人口の減少、グローバル化の進展や絶え間ない技術革新等により、社会や職業の在り方そのものも大きく変化する可能性。

◆ そうした厳しい挑戦の時代を乗り越え、伝統や文化に立脚し、高い志や意欲を持つ自立した人間として、他者と協働しながら価値の創造に挑み、未来を切り開いていく力が必要。

◆ そのためには、教育の在り方も一層進化させる必要。

◆ 特に、学ぶことと社会とのつながりを意識し、「何を教えるか」という知識の質・量の改善に加え、「どのように学ぶか」という、学びの質や深まりを重視することが必要。また、学びの成果として「どのような力が身に付いたか」という視点が重要。

審議事項の柱

1．教育目標・内容と学習・指導方法、学習評価の在り方を一体として捉えた、新しい時代にふさわしい学習指導要領等の基本的な考え方

○これからの時代を、自立した人間として多様な他者と協働しながら創造的に生きていくために必要な資質・能力の育成に向けた教育目標・内容の改善

○課題の発見・解決に向けて主体的・協働的に学ぶ学習（いわゆる「アクティブ・ラーニング」）の充実と、そうした学習・指導方法を教育内容と関連付けて示すための在り方

○育成すべき資質・能力を育む観点からの学習評価の改善

2．育成すべき資質・能力を踏まえた、新たな教科・科目等の在り方や、既存の教科・科目等の目標・内容の見直し　※詳細については、3ページ目以降

3．学習指導要領等の理念を実現するための、各学校におけるカリキュラム・マネジメントや、学習・指導方法及び評価方法の改善支援の方策

○各学校における教育課程の編成、実施、評価、改善の一連のカリキュラム・マネジメントの普及

○「アクティブ・ラーニング」などの新たな学習・指導方法や、新しい学びに対応した評価方法等の開発・普及

1

諮問の概要「初等中等教育における教育課程の基準等の在り方について」
［出典：文部省作成資料から抜粋］

ブ・ラーニング」）や、そのための指導の方法等を充実させていく必要があります。こうした学習・指導方法は、知識・技能を定着させる上でも、また、子供たちの学習意欲を高める上でも効果的であることが、これまでの実践の成果から指摘されています。

この諮問文を詳しく読んでみると、この中には「主体的」という言葉が六回、「協働的」という言葉が二回、「アクティブ・ラーニング」という言葉が四回出てきます。「諮問」という、文部科学省が中央教育審議会に「意見を求める」段階ですが、「アクティブ・ラーニング」の導入は既定の事実であると読むのが普通だと思います。

すでに書店の教育書コーナーには、多くのアクティブ・ラーニング関連の本が並んでいますし、教育雑誌でもアクティブ・ラーニングの特集が組まれています。

こうした状況を、私はいよいよチャンスがやってきたと思っています。

目の前の多様化している子どもたちに対して、「一人一人が互いの異なる背景を尊重し、それぞれが多様な経験を重ねながら、様々な得意分野の能力を伸ばしていく」ことを求めていくのですから。

問題は、「アクティブ・ラーニング」は、日本の教育が抱えている問題を解決するのかということです。

アクティブ・ラーニングへの思い

「アクティブ・ラーニング」とは、諮問文にあるとおり「課題の発見と解決に向けた主体的・協働的な学び」ということです。

アクティブ・ラーニングの具体的な方法として、授業例や活動例といったものも、多く発刊されている関連書の中で紹介されています。

それらを読んで私が思うことは、やはり教師の指導の方法の一つとして「術（やり方）」が紹介されているに過ぎないな、ということです。

私自身は、これまでアクティブ・ラーニングと呼ばれるものを、そのような名前で示されるずっと前から実践してきていますので、新しい学習指導要領に盛り込むことを目指して提案されていることについて、「やっとこの時が来た」と大変興味をもつとともに嬉しい気持ちでいるのです。

ただ一方で、この方法で、今の学校・教室の状況を変えられるのかという心配が私の中にあるのも正直な気持ちです。

まず私は、「授業の方法としての『術』」ではなく、「授業『観』」そのものが大事だと考えているのです。

教室の中の子どもたちは、けっして同じではありません。教室を眺めてみると、本当にでこぼこでこぼこしています。私は、その学級の子どもたち全員の一人ひとりの良さが生きるように、学級の土台をしっかりとつくっていく必要性を考え、土台づくりから始めて、年度末には一人ひとりが個性を存分に発揮できるまでに「成長」させていくという「戦略性」をもって学級づくりを進め、ずっとそのことを主張してきました。

私は、学級の土台ができてからアクティブ・ラーニングができるという考えではなく、同時に進んでいくものだと考えています。学級の土台をつくりつつ、その段階にあった形でのアクティブ・ラーニングの手法を取れ入れていくことが大切だと思っているのです。そうした進め方をしていかないと、アクティブ・ラーニングは成功しづらいのではないかと考えています。

絶好のチャンスがやっと来たと思いつつ、「観」が変わらない状況を憂えています。

人間同士の温かいつながりを大切にしていこう、子どもたち一人ひとりの尊厳を絶対のものとして、教師は子どもたちと向かい合おう、一人も見捨てないという覚悟で子どもたちを最後まで成長させよう、自立し個を確立した人間として社会に送り出そう、という深い思いが教師の学級づくりの中にないまま、ただアクティブ・ラーニングという手法を取り入れたとしても、やはり手法の広まりにとどまってしまうのではないかと危惧しています。

先日、対談をさせていただいたある方は、「アクティブ・ラーニングという名の新しい演目のパッシブラーナー（passive learner＝受動的学習者）をつくるだけではないかと心配している」という言い方で心配を表明されていました。

「手法が成り立つ学級の土台づくり」という視点を、アクティブ・ラーニングの導入を前にして、改めて私の考え方としてお伝えいたします。

リバウンドしない子どもを育てる

「リバウンド」という言葉があります。最近では、ダイエットをして体重を減らしたあとに、元の体重に戻ってしまうことを言う場合が多いようですが、学校教育の世界では、それまでは成長していたのに、学級が新しくなって担任が替わった場合などに以前のマイナスの状態に戻ってしまうことを言うことが多いようです。
私は、子どもたち一人ひとりの中の成長の土台を盤石にすることによって、揺るぎない確かな成長を保障できると信じて、ずっと取り組んできました。

それを実現するための授業の一つとして、私は「『教育基本法』の授業」を行うことがあります。

先ほども少し触れましたが、先の諮問文の中に「教育基本法の理念が十分に実現しているとは言い難い状況です」というくだりがありました。

「教育基本法」は、戦後間もない一九四七年（昭和二二年）に制定された後、二〇〇六年（平成一八年）に改正されました。改正時にはマスコミでもだいぶ議論がされましたが、普段は私たちの目に触れることは少ないと思います。

二〇一三年度（平成二五年度）の五年生の子どもたちには、間もなく六年生になるという二月の初めに、「リバウンドしないでSA（成長段階　B→A→SuperA）のその先に行くために必要なものは何か?」というテーマでの話し合いの際に、教育基本法を示しました。これは、年度末に行っていた「試練の十番勝負」と名付けた一連の授業の一つです。

一年の締めくくりとして、一年間の成長を自覚させ、四月からの新しい生活に向けての心構えをもたせるというのがそのねらいです。環境が変わっても、学び続ける人間を育てたい、育ってほしい、という私の強い思いがありました。

教育基本法の理念を十分に実現していく方法の一つとして、教育基本法の条文を使った話し合いの授業を仕組んだのです。

授業では、教育基本法の第一条を示しました。

教育基本法

第一条（教育の目的）教育は、人格の完成を目指し、平和で民主的な国家及び社会の形成者として必要な資質を備えた心身ともに健康な国民の育成を期して行われなければならない。

当然のことですが、子どもたちは、教育基本法に書かれた「教育の目的」は知りませんでした。一人ひとりに渡した条文を神妙な顔つきで読んでいました。

今を頑張るだけではなく、人格形成という大きな目標に向かって成長し続けることの重要性に気付いたようでした。間もなく最高学年になり、新しい学級になることを自覚している時期でしたから、その先をどのように生きていくのかということを真剣に考えようとしていました。

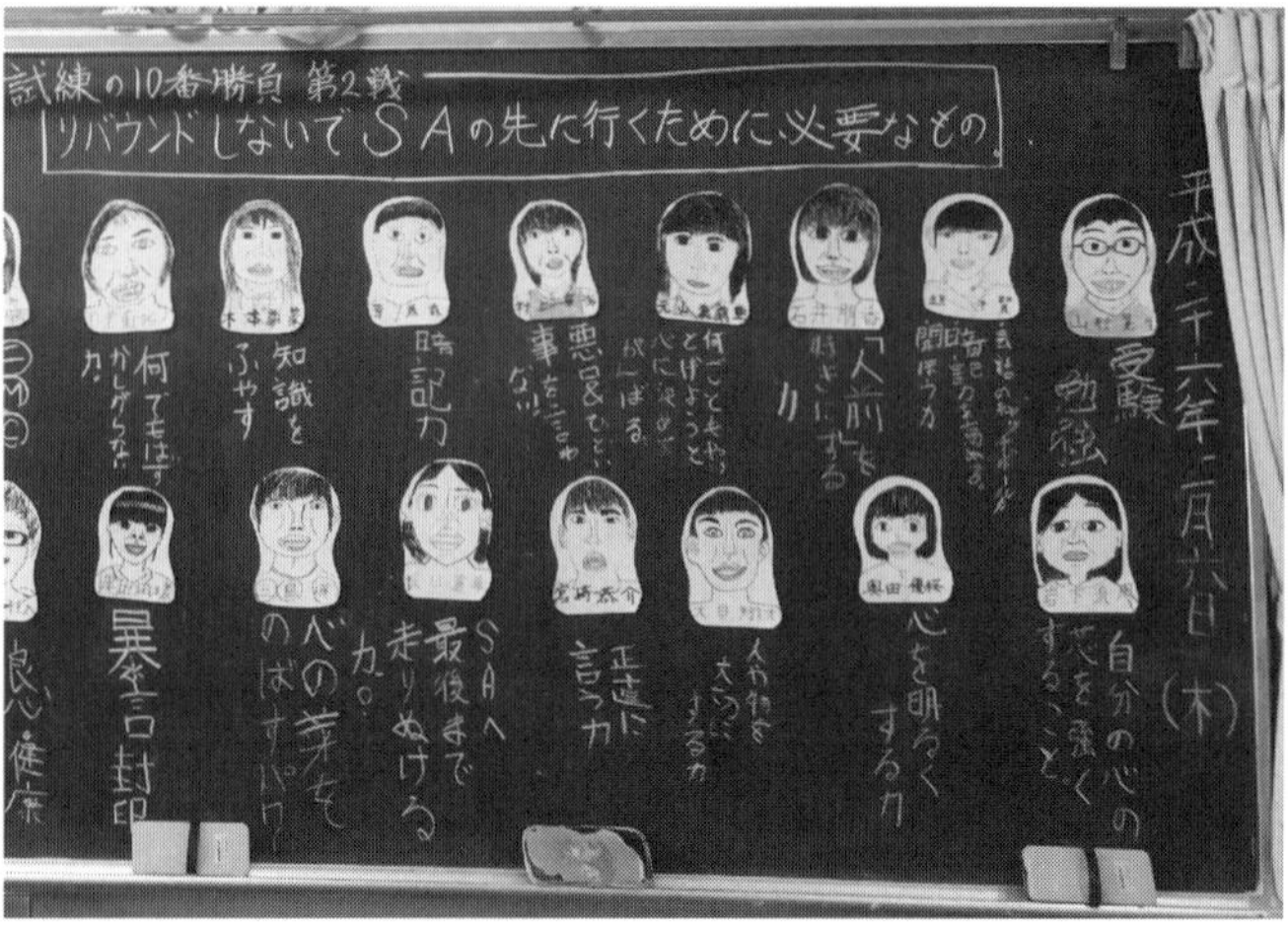

写真は、この授業で書かれた黒板です。

私は、黒板に意見を書かせる際に、誰が書いた意見・考えであるかが分かるように、自画像画とセットにして書かせることをよくします。「リバウンドしないでSAのその先に行くために必要なものは何か？」という問いに対し、「自分の心の芯を強くすること」、「何事もやりとげようと心に決めてがんばる」、「個性を出しながら協調性を大事にする」など、それぞれが自分の言葉で考え、決意をしました。「自分らしさを大切にして、他者と協力し合いながら仕事のできる人間になろう」との私の言葉に対して、大きく頷いていました。

私には、「子どもを育てるのではない。公の社会で役に立てる人間を育てるのだ」

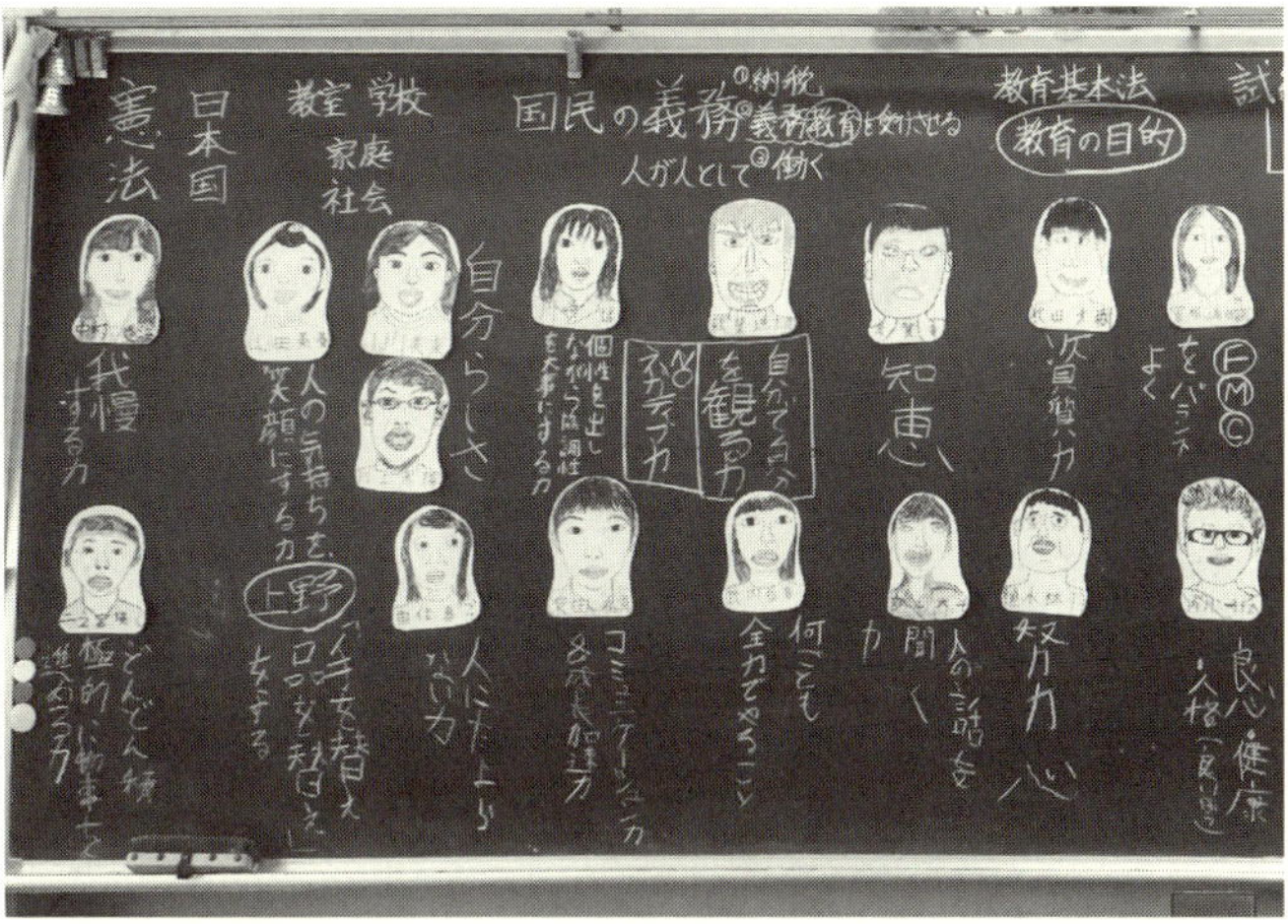

という強い気持ちがあります。また、子どもたちには、「一般性を身に付けた自分らしさを『個性』という。一般性のないそれは、ただの『野生』である」と、私は言い続けてきました。子どもたちも子どもたちなりに理解してくれていたようです。

「教育基本法」を直接子どもたちに読ませるということをされている先生は少ないと思います。しかしながら、この条文の中に小学生レベルで意味を理解できない言葉はありません。それぞれの先生のものの考え方として、現在の教育基本法に対する賛否があることはもちろん承知しています。ただ、そうした思想的なことを抜きにして、教育基本法の第一条に示されているような「原理」を小学生の段階で指導することは大切なことだと私は考えています。

教育基本法第五条第二項には、次のように書かれています。

第五条

2　義務教育として行われる普通教育は、各個人の有する能力を伸ばしつつ社会において自立的に生きる基礎を培い、また、国家及び社会の形成者として必要とされる基本的な資質を養うことを目的として行われるものとする。

さらに、この条文を受けて「学校教育基本法」の第二十一条は次のように定めています。

第二十一条　義務教育として行われる普通教育は、教育基本法（平成十八年法律第百二十号）第五条第二項に規定する目的を実現するため、次に掲げる目標を達成するよう行われるものとする。

一　学校内外における社会的活動を促進し、自主、自律及び協同の精神、規範意識、公正な判断力並びに公共の精神に基づき主体的に社会の形成に参画し、その発展に寄与する態度を養うこと。

この条は項が十まで続きますが、省略します。

様々な教育政策が、こうした教育の目的に基づいて行われていることは当然です。繰り返しますが、さきほどの諮問文の中の「教育基本法の理念が十分に実現しているとは言い難い状況」を克服する方法は、まずその「理念」をストレートに子どもたちに伝えていくことだと私は思います。

方法を論ずる前に、不変の教育の目的を見据え、目の前の子どもたちを見つめる中で、一人ひとりにふさわしい最善の方法を、一人ひとりの教師が見付けていく以外に、真の教育の目的の成就はないと考えています。

（1）　http://gendai.ismedia.jp/articles/-/36518

（2）　http://www.mext.go.jp/b_menu/shingi/chukyo/chukyo0/toushin/1353440.htm

第四章　言葉で人間を育てる

言葉で人間を育てる

私が教室で実践してきたことを端的に言うとすれば、それは「言葉で人間を育てる」ということです。言葉にこだわって、言葉を大切にして、一人ひとりの子どもたちと向かい合ってきました。

多くの言葉を獲得して、書いたり話したりすることができるようになった子どもたちは、深い思考ができるようになります。思っていること、考えていることをより豊かに表現できるようになります。書くことによって、内面を振り返り、整理することができます。

そして、友達とより良い人間関係を築いたり、お互いの成長を促し合ったりすることができるようになります。

私は、「言葉で人間を育てる」ということを、日常的になるべく簡単な方法で、継続性や発展性を重視して考え、いくつもの方法を創り出して実践してきました。具体的には、次のような取り組みをしてきました。

①価値語

②ほめ言葉のシャワー
③質問タイム
④成長ノート
⑤係活動
⑥ディベート
⑦対話・話し合い
⑧白い黒板
⑨コミュニケーションゲーム

言葉を大切にするということは、実感を吐露させるということにつながっていると思っています。安心できる人間関係がある教室の中で、自分の実感をそのままに発言し、友達の正直な思いを受け止めることによって、お互いに考え、お互いに成長していくのです。「みんな仲良く」という価値観が、子ども同士を表面的な関係だけにとどめてしまっているのではないかと、私は考えています。子ども同士が、人と意見を区別して、本音で向き合える人間関係をつくることを目指したいのです。

以降、私の代表的な実践の方法とねらいを、簡単に紹介します。それぞれについては、私がこれまでに書いた本の中で、詳しく紹介していますので参考になさってください。

価値語

「価値語」とは、私の造語です。子どもたちの考え方や行動をプラスに導く言葉を「価値語」と呼んでいます。例えば、私の勤めた学校では、廊下の端にクラスみんなのぞうきんを掛ける場所がありました。そこに掛けられたぞうきんを、一人で黙々ときれいに掛け直している女の子がいました。私が近寄って行っても、ほとんど気にする様子もなく、手を休めません。私はその様子を写真に撮って、クラスの子どもたちに「一人が美しい」という言葉とともに紹介しました。

こうした価値ある言葉を子どもたちに積極的に教え、その量を増やすようにさせています。

以下は、平成二六年度の六年一組で卒業間近の三月十六日に「菊池学級　価値語ベスト

価値語「一人が美しい」

10」として選んだものです。単純な順位ではなく、アンケート結果の上位を自主グループがまとめたものです。

一　一人も見捨てない
・自分を見くびらない　・34人の集団です　・寄り添い合う
二　SA
・SAのその先へ　・2：6：2　・自分のことも大好き
三　自己開示
・いい意味でバカになれ　・無邪気　・笑顔（スマイリー村上）
四　頭は白熱、心は冷静に
・白熱する教室　・潔さ　・一人が美しい
五　公に強くなれ
・無茶ぶりを楽しむ　・非日常　・セミナーへ
六　菊池学級
・6年1組は家族　・常に進化する　・希望
七　コミュニケーション力

・読む力をつけよ　・正対せよ　・話し合い力＝学級力

八　成長

・当たり前のことを当たり前に　・教室の３条件を満たし続ける　・仮面

九　美しい涙

・泣いて逃げない　・成長の象徴　・厳しさを乗り越え合う

十　リバウンドしない

・群れに流れない　・成長は無限大　・未来の自分を信じよう

子どもたちの中に、こうした「価値語」が増えていくと、日常の行為が変わってきます。何が正しいことなのか、どうすることが良いことなのかが具体的に分かってくるのでしょう。徳目的に抽象的な言葉を示すのではなく、日々の学校生活の事実と関係した、生きた言葉を示すことが大切です。公（おおやけ）の場での振る舞いが美しくなってきます。

その後、子どもたちは自主的に「価値語」を増やそうとし始めます。子どもたちの成長に必要な価値ある言葉を、シャワーのように与えることの大切さを実感しています。

「言葉を育てると心が育つ。心を育てたら人も育つ」

ほめ言葉のシャワー

ほめ言葉のシャワーは、二十年ほど前に始めた私のオリジナル実践で、現在は、北は北海道から南は九州・沖縄まで、日本全国に広がっています。また、小学校だけでなく、中学校や高等学校でも実践されています。この現状は、私にとって大きな喜びです。

ほめ言葉のシャワーは、「一人ひとりの良いところを見付け合い、伝え合う活動」で、次のような手順で行います。

〈「ほめ言葉のシャワー」の具体的な手順〉

○年間四回（四巡）程度行う

○毎日の帰りの会で行う

①毎回日めくりカレンダーを各自一枚ずつ描く

②その日のカレンダーを描いた子どもが教室の教壇に出る

③残りの子どもと教師がその子の良いところを発表する

④発表は自由起立発表でシャワーのように行う

⑤全員の発表が終わったら前に出ていた子どもがお礼のスピーチを行う

ほめ言葉のシャワー

⑥最後に教師がコメントを述べる

一回で、一人に対して三十人がほめ言葉を発言し、全員がほめられるまで一巡すると三十人に行うので、三十×三十で九百個になります。それを一年間で四回行えば、九百×四で三千六百個となります。

放っておくと、子どもたちは「シネ、バカ、消えろ、むかつく、関係ない……」といった粗暴な言葉を教室の中で蔓延させてしまいます。そうしたマイナスの言葉ではない、相手を思いやる言葉を教室に満ちさせることができるのです。

私は、「ほめ言葉のシャワーは誰でも簡単にできます。十分程度の時間で、大変高い効果が得られます。みなさんやってみましょう」と呼びかける一方、「ほめ言葉のシャワーを成功させられるかどうかは先生の教育観、授業観にかかっています。教師が、一方的に子どもに教えるのではなく、子ども同士がつながって学び合うような授業観をもっていないと成立しませんし、奥が深いのです」とも言っています。ちょっと矛盾するようなことを言っているなあと、自分で思うこともあります。

ほめ言葉のシャワーは、学級経営に直接関わってきます。「教え込む授業」から「学び合いの授業」への転換が必要です。違いを認め合って学び合おうという授業観の象徴として、ほめ言葉のシャワーはあると思っているのです。ですから、方法は簡単ですが、先生自身の授業観、教育観、ひいては子ども観を変えていかなくてはならないものです。

ほめ言葉のシャワーが軌道に乗ってくると、子どもたちの様子が変わってきます。それは、授業にも大きな変化をもたらします。子ども同士の横の関係が良くなりますから、ペアやグループでの学習が活発に行われるようになります。

質問タイム

「ほめ言葉のシャワー」を浴びるその日の主人公に、朝の会で、全員が質問をする活動です。一人ひとりがバラバラのことを質問するのではなく、最初の質問の答えに関連する質問を続けていくようにします。そうすることで、一つのことがらをどんどんと掘り下げていくことになりますから、その日の主人公のことを深く知ることができるようになります。

大人の社会でもそうですが、子どもたちも、同じクラスの友達のことをあまりよく知らないものです。場合によっては、クラスの中で、ずっと話をしないで終わってしまう子がクラスの中にいるという事態も起こってしまいかねません。

朝の質問タイムを毎日行うことによって、お互いのことを多面的に知ることができ、子ども同士全員の横の関係ができていきます。それによって、コミュニケーションの土台となる温かい人間関係が築かれていきます。

コミュニケーションの力の中では、質問する力が重要だとよく言われます。質問力は、会話力や対話力に欠かせないものだと言われます。適切な質問によって相手から情報を引き出し、場合によっては相手の気付いていなかった部分を気付かせることもできます。

また、質問される側も、質問をしてもらうことで、自分のことを知ろうとしてくれる人がいるということが分かり、話を聞いてもらえる存在だということに喜びを感じることができます。

一年間で四～五回の質問タイムをどの子も経験することになります。年間の見通しをもって、簡単な内容から始めて、少しずつ個人の内面に入っていくような質問へと高めていきます。

第一段階　質問を楽しむ

第二段階　好きなことを伝え合う

第三段階　その人らしさを引き出し合う
安定した温かいコミュニケーション力が、学級の中に広がっていくことでしょう。

成長ノート

「成長ノート」は、「ほめ言葉のシャワー」と並ぶ、私にとっての二大実践と言えるもので、十五年ほど前から取り組んでいます。

「ほめ言葉のシャワー」で、コミュニケーション力を育て、「成長ノート」では、書く力を育てることを目指しています。

「成長ノート」で行う書かせる指導が、私の作文指導の中心となっています。

少し専門的かつ歴史的になりますが、生活綴り方教育（代表的なものに「やまびこ学校（無着成恭編　岩波文庫）」があります）や、単元学習における「生活からの学び」を中心とした指導、そして、その後の「言語技術」を中心とした指導など、私がまだ若かった時代から今日に至るまでずっと学び続ける中で、学んできたことを融合させた、私なりの作文指導がこの「成長ノート」なのです。

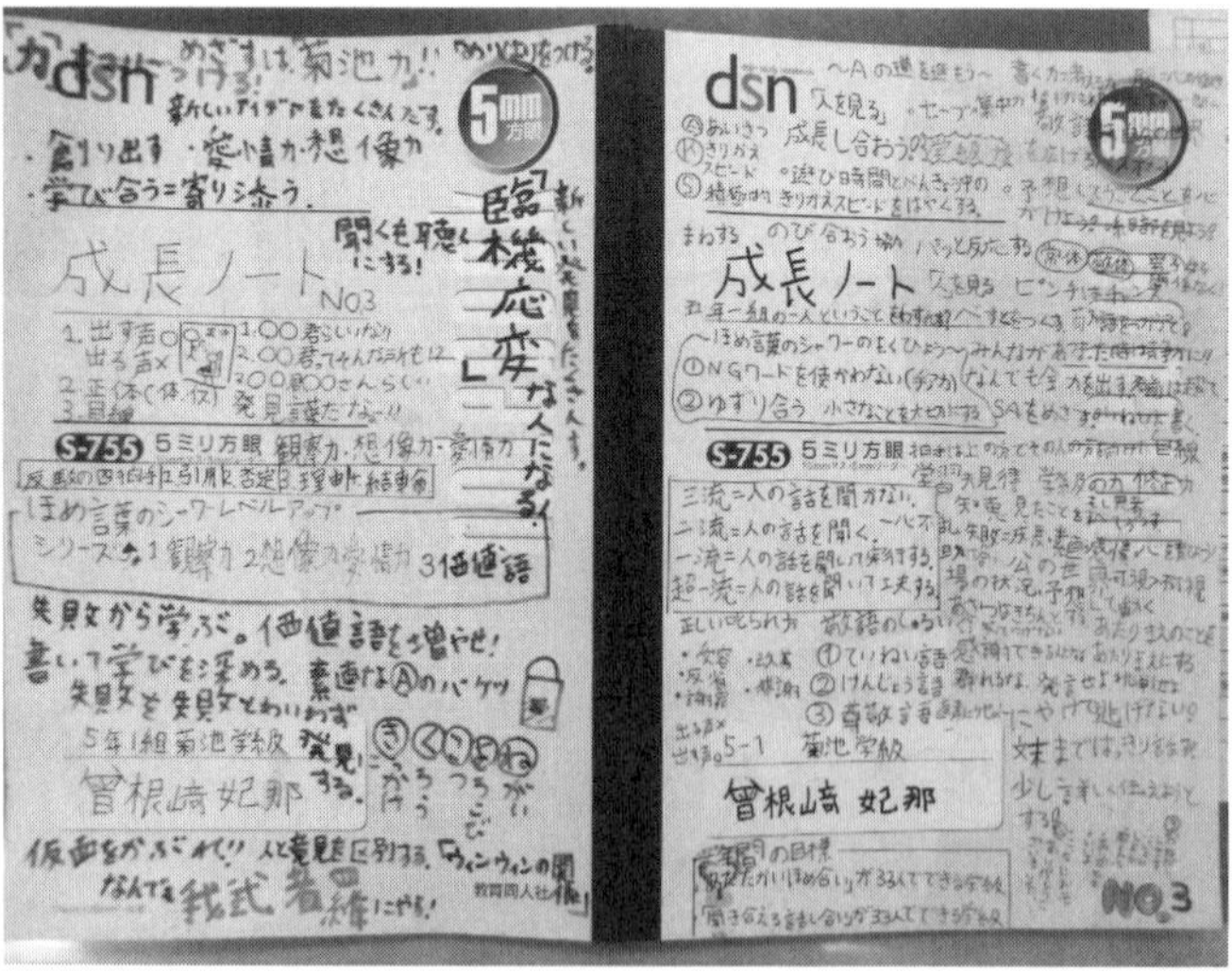

成長ノート

このノートは、一言で表すならば、「教師が全力で子どもを育てるためのノート」です。私が、クラスの子どもたちを社会に通用する人間に育てようという強い思いをもとに、私自身の信じる価値観を子どもに投げ続け、子どももそれに対して真剣に応えていくという、双方向のノートなのです。

私は、この成長ノートを核として、言葉の指導を行い、その指導をとおして人間を育てようとしてきました。大袈裟だと思われる方もいらっしゃるかもしれませんが、「成長ノート」には、子どもを変え、成長させていくる力があると確信しています。

子どもたちは、「成長ノート」に書くことをとおして、新しい自分を発見します。そして、未来を信じ、より自分らしく生きていこうと変わっていくのです。

「書くことで子どもを成長させていく」という思いは、若い頃に子どもたちにたくさん作文を書かせていたことが原点になっています。その頃出会った生活綴り方教育や単元学習をとおして育った子どもたちの姿が原点になっています。

具体的には、「成長ノート」は次のねらいをもって行います。

・教師が書かせるテーマを与える
・書くことに慣れさせる
・自分の成長を意識させる

・教師が子どもとつながる

一年間経つと、四～六冊ほどの成長ノートが手元に残ります。年間で百五十ほどのテーマを与えています。「成長」に必要なテーマを与えて書かせ、教師がそれに「励まし」のコメントを入れます。それを繰り返すことで成長を自覚させ、教師と子どもの関係を強いものにするのです。

一年間「成長ノート」に取り組み、書き続けた子どものうちの一人は、卒業前に次のようなことを書いていました。

成長ノートのおかげで、今までとは違った自分を見つけることができました。新しい自分です。昔の自分は、自分の中に何も中心となるものがありませんでした。

「成長ノート」は、子どもたちの「心の芯」を確実につくるものだと思っています。

係活動

私は、学級づくりを進める中で「係活動」を大切にしてきました。子どもたち一人ひとりが、自分の得意分野で活動できるように、係の内容については、自主性に任せていました。そこには自分らしさがあるからです。また、子どもたちを学級目標に近づかせるために、係活動を行っていたと言ってもよいと思います。

一般的には、生き物の世話をする係を「生き物係」とか、みんなで遊ぶ日と遊ぶ内容を決める「遊び係」など、定番の活動が多いのが実態ではないでしょうか。場合によっては、「給食当番」等の当番活動と係活動が混同されてしまっている場合もあります。

決められた活動では、子どもたちにとっては楽しくないものになってしまいます。したがって、私は、係活動には相当な自由度を保障することが何よりも大切だと考えています。そして、一人ひとりの子どもが、自分の興味・関心にもとづいて、それぞれが好きなことを「係」として活動することができるような教室にしようと心がけました。

それぞれが得意なことに力を発揮して、お互いに認め合って活動をしますから、活発に磨き合います。自分の得意分野のことをしていますから、磨き合いは加速します。子どもたちも、係活動の場で成長できることを実感し、係活動そのものの意味も深く理解していきます。得意分野ですからやる気をもって取り組みます。やる気に満ちていますから、責任をもって活動します。結果、創造性や工夫といったものが次々と出てきます。

私は、係活動のネーミングについて、一般的な「○○係」では創造性が弱いと考え、人の役に立ち、人を喜ばせるミッションを明確にするというねらいで「○○会社」という名前の付け方を思いつき、スタートしました。子どもたちが憧れる、プロとか名人とか達人とかもイメージしています

自分らしさを発揮できる教室の中で、一人ひとりの個性によって、独自の学級文化ができあがっていきます。活動が軌道に乗り始めると、休み時間などのちょっとした時間を使って、子どもたちが自主的に活動を始めます。

写真は、平成二五年度の担任をしていた五年生の三学期の係活動のポスターと、ダンス係が主催したダンスバトルの様子です。ポスターには、「野球やろうぜ!! 会社」とか「メガネ・コミック」、「お笑いトリオ会社」といった名前の係のポスターが貼られています。ポスターのまわりには、「自己開示」とか「他己中（自己中の反対語）」、「無邪気でいよう！」などの価値語も書かれています。自分の好きなことを、ただ面白いからやるというのではなく、自分らしさをもとにした活動によって、自分もクラスのみんなも一緒に成

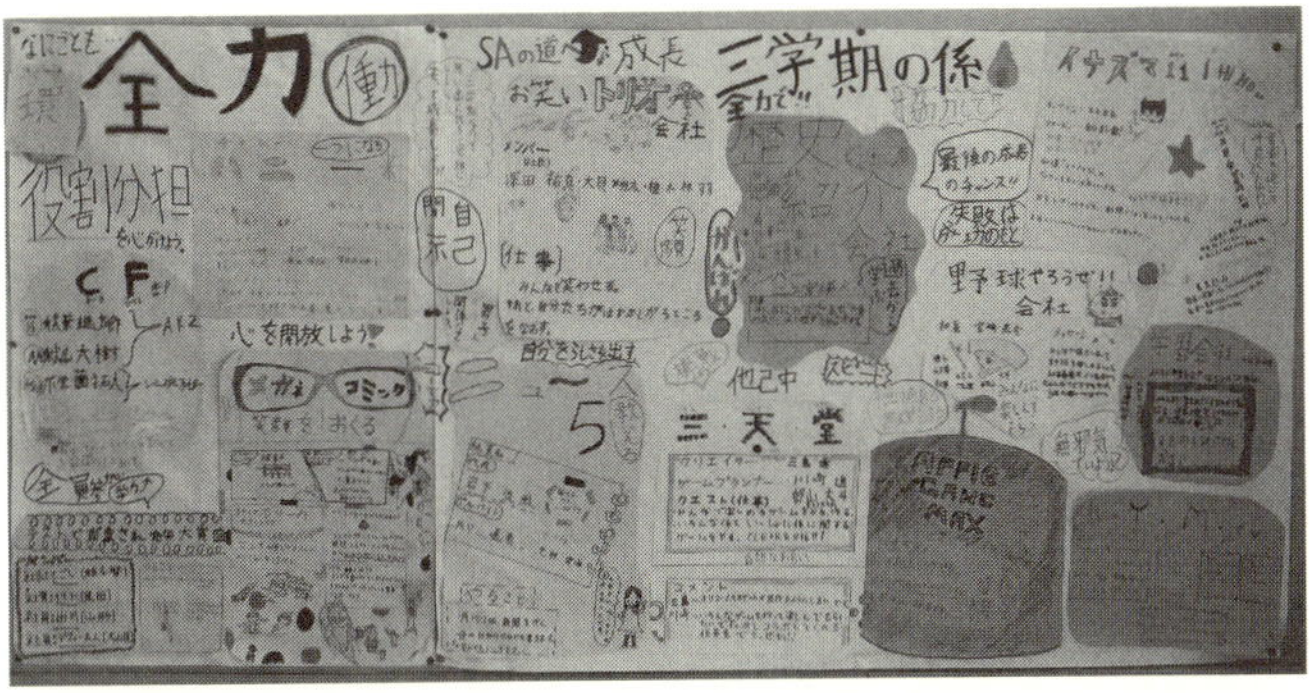

係活動のポスター

係活動のひとこま

長していこうという気持ちが表れていると思います。

活動を始めたばかりの段階は、どの係もその内容が荒削りであることは当然です。活動していく中で、自分らしさについて考えたり、自分自身を開放したり、お互いに同じことを一緒に楽しんだりする中で、独りよがりな個人的な興味の段階から、クラス全体が楽しめるものへとグレードアップしていきます。

ディベート

「ディベート」というと否定的なイメージをもたれる時代が長く続きましたが、現在は少しずつ良くなってきているようです。

私は、ディベートは、特別なものではなく、普段の話し合い活動や学級づくりに直結していると考えています。

ディベートの基本的なルールを紹介します。

・論題（話し合うテーマ）が決まっている

・立場が二つ（肯定と否定、AとBなど）に分かれる
・自分の考えとディベートをする上での立場とは無関係である
・A側立論↓B側質問↓B側反論↓B側立論↓A側質問↓A側反論↓判定
という流れで行われる
・立論・質問・反論できる時間は決まっている（教室では一分程度）
・勝敗がある

小学校でディベートを行う場合の論題は、「○○小学校にジュースの自動販売機を設置すべきである」というような、子どもたちが身近で興味をもてるものが良いでしょう。ディベートは、「ルールのある話し合い」です。ルール自体はシンプルですが、言い始めた人が立証する責任をもち、機会と時間が平等に与えられ、根拠をもって判定が行われるというように、一人ひとりが立場を明確にして責任を果たすという基本的な精神が貫かれているのです。適当に不満だけを言っていればよかった子どもの日常の生活から一線を画した話し合いの世界が、ディベートにはあるのです。

したがって、ディベートで身に付けた力を、日常の話し合いに活用していけば、より良

ディベート

い話し合いができるようになります。そして、より良い話し合いができるようになれば、お互いにコミュニケーションをとり合い、仲間と共に豊かな学校生活を送ることができるはずです。

また、一方通行の関係で教師から子どもに既存の知識を教えるという従来の授業スタイルとも一線を画し、子どもたち自身が、どちらが良いかという価値判断を競い合うという喜びや面白さがディベートの中にはあります。子どもたち同士の競い合いのある話し合いの中で、教えてもらったり、気付かせてもらったりするという、新しい学びの形です。

このことは、ある意味、学校現場の主流である授業観とは否応なくぶつかります。知識領域をきちんと教えるという授業観と、一つのテーマについての是非を考えるディベートでは、授業観が全く違うのです。

ディベートをする目的について、私は「責任を磨き合うこと」であり、「互いを認め合うこと」と考えています。

このように、教育観を転換するだけの力が、ディベートにはあると私は考えています。

対話・話し合い

私の授業の最大の特徴は、「対話・話し合いのある授業」だということです。

授業の初めに、「今日は、話し合いをします」と言うと、子どもたちは「ヤッター」と、一斉に歓声を上げていました。白熱して話し合うことがとても好きでした。じっと座って先生の話を聞くのではなく、お互いが自分らしさを発揮し合える学びが楽しいのでしょう。

話し合いでは、答えが分裂するようなテーマを用意します。その中にも大きく分けて二種類のテーマがあります。

一つは、「サンタクロースは本当にいるか」とか「奈良の大仏はもっと小さくてもよかった」といった、「正解」のない、話し合ってお互いが納得し合うテーマです。「納得解」の話し合いと呼んでいます。

もう一つは、「筆者のいちばん言いたい段落はどこか」「主人公の気持ちががらりと変わったところは物語の中のどこか」といった「正解」のあるテーマです。「絶対解」の話し合いと呼んでいます。

どちらの話し合いも白熱します。「納得解」の話し合いの楽しさを体験すればするほど、

「絶対解」の話し合いも白熱するようになってきます。
話し合いの授業のスタイルは、次の四つがあります。

①ペア学習
よりよい話し方や聞き方という対話の基本を指導し、実際に対話を体験させます。繰り返すことで、友達との人間関係もより良いものになっていきます。

②グループ学習
グループで協力することの良さを体験します。協力することの良さを実感した子どもたちは、話し合いにきちんと参加し、すすんで自分の考えを表現しようとします。

③ディベート学習
前述したとおりです。

④自由対話
考え続ける楽しさやすばらしさを実感できるようにします。友達の様々な考えに触れることにより、より良いものを考え続ける力が育っていきます。

白熱した話し合いを生み出すためには、次のような流れで話し合いをさせます。私の話し合いの授業の基本形です。

話し合い活動

1. テーマを理解させる
2. 立場を決めさせる
3. 理由を箇条書きで書かせる
4. 同じ立場の者同士で話し合いをさせる
5. 違う立場の者同士で話し合いをさせる
6. 振り返りを行う

話し合うためには技術的なことももちろん必要ですが、友達との関係性が良くなっていくことが何よりも大切です。様々な機会で「ほめ合っている」「心が通じている」「相手の気持ちが想像できるようになっている」という土台があってこそ、安心して自分の意見を人前で堂々と言うことができるのです。

何のために話し合うのか、どのような話し合いが望ましいのかということを、体験をとおして日常的に学んでいくのです。ただ意見を言えば良いのではありません。学級全員が一人残らず参加者となり、お互いの良さを引き出し合い、新しい考えや納得した意見を導き出し合うような話し合いが成立することが目標です。

ある子どもが話し合いについて書いた作文です。

「話し合いが好きになりました。自分らしさを発揮できるからです。教室の中で、そんなことができるとは思っていませんでした。クラスのみんなで考え、考え合う。そして、一人では考えつかなかった答えにたどり着く。『納得解』です。その瞬間が特に好きです」。

白い黒板

この写真は、「白い黒板」と呼んでいるものです。黒板が白く見えるほどに文字がびっしりと書かれています。
私は、学習を振り返り、まとめをするときに「白い黒板」の取り組みをします。黒板の中央にテーマを書き、それについて子どもたち全員が、自分の考えを黒板に書いていきます。クラス全員の子どもが、平均して一人三〜四個の考

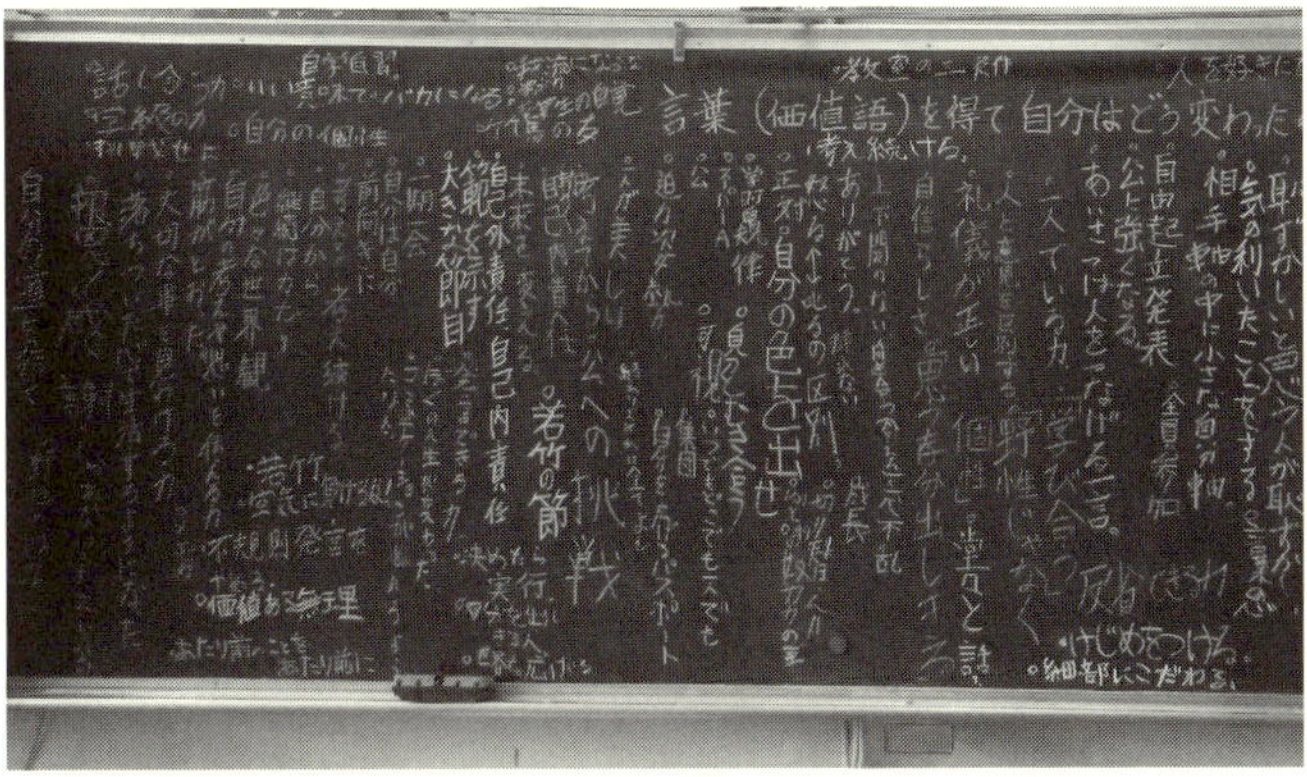

白い黒板

えを書きますので、意見が百個以上も書かれ、白いチョークの文字で、黒板が真っ白になります。

黒板に書かれたことをもとに、新たな目的や目標をつくり上げていきます。白い黒板を書いたあと、全員の意見を聞いたり、見たりして、新たな自分の考えをノートに書き出させ、教師がコメントを書きます。こうした取り組みによって、「公」を意識した子どもが育ち、教師と子どもをつなぐ手立てにもなっていきます。「白い黒板」の具体的な取り組みの手順と効果は、次のとおりです。

【手順】

①課題に対しての考えをノートなどに書かせ、ペアやグループで話し合いを行う

②その考えを列ごとや班ごとに黒板に書かせる
③「白い黒板」を見て、思ったこと、考えたこと、これからどうしたいかなどの視点を与え、ノートに書かせる
④ノートを集め、先生のコメントを書く

【効果】

①一つのテーマについて、みんなで考えることの価値に気付く
②一人ひとりの考えを大切にする
③話し合いは、1＋1＝2の効果だけではなく3にも4にもなる、ということを実感する
④他人の意見を素直に受け入れて、伸びようとする子どもが育つ
⑤自分の考えをきちんともった子どもが育つ
⑥ノートの活用によって、教師と子どもをつなぐことができる

黒板が真っ白くなるまで、多くの考えを書くことができるのは、日常を大切にしている子どもと教師がいるからです。

「白い黒板」では、学級全員の考えを視覚的に表現し、確認することができるので、一部の子どもの発表で終わってしまうということがなくなり、一人ひとりの考えを無駄にする

ことがありません。

「白い黒板」ができあがると、子どもたちは達成感を感じます。全員の意見が一つになってできあがった黒板は、子どもたちにはとても嬉しいものです。「白い黒板」は、子どもたちが全員で創る学級の象徴です。また、黒板を「教える側の教師」から「学びの主体者である子どもたち」に開放することでもあります。

「白い黒板」は、私の教育観が形となったものの一つです。

コミュニケーションゲーム

コミュニケーションの指導を、「ゲーム」という手法を用いて行うこともあります。

コミュニケーションの指導は、これまでも、教科書のある単元だけで行われたり、取り立て指導のトレーニングとして行われたりしてきました。しかしながら、それらは単発であったり、知識や技術を教えるだけであったりしたため、子どもたちや学級が変わるという成果にまでは到達していなかったように思います。

コミュニケーション力を身に付けるということは、人間関係をより良いものにして、他者と考え合う中で、お互いが成長し合う生活を目指そうという人間に成長することです。

従来型の「一斉指導」では、子どもたちへの指導がうまくいかない理由として、次の三点が考えられます。

一つ目は、「楽しさ」がないことです。今の子どもたちは、「教え込む」指導が延々と続くことを喜びません。また、機械的なトレーニングも、自分の成長につながる新しい発見や気付きがないため、長続きしません。「楽しい」という要素を重視したゲームを子どもたちは好んで、積極的に取り組みます。

二つ目は、評価基準があいまいだということです。コミュニケーションは、伝えたい内容だけでなく、声の調子や、顔の表情、身振り手振りの非言語がとても大きな要素です。しかし、その部分をどのように評価するかという基準が今までは不十分でした。評価基準があいまいでは、子どもたちのコミュニケーションのレベルアップは望めません。

三つ目は、繰り返し行える活動ではなかったことです。体験をとおしてコミュニケーションの力は伸びていきます。読解を中心とした従来の指導や、形式的かつ単純な練習だけでは、現実の生活の場で生きて働くコミュニケーションの力は育たないのです。

ゲームには子どもが喜ぶ「楽しさ」があります。これは重要な前提となります。

また、ゲームは、勝ち負けのある遊びです。勝ち負けという判定があるということは、子どもたちが自分の頭で真剣に考える活動の場を作り出していくということになります。

さらに、ゲームは、自分の頭で真剣に考える活動の場を作り出すために、発展的にルールやそのやり方を工夫するということが可能な活動でもあります。

日常生活の中では見聞きする機会が少なかったり、経験できにくかったりすることを、ゲームの中で体験することによって、知識や技能を自主的に発見し、身に付けていくことができると思います。

これらのコミュニケーションゲームをとおして、知識や技術を身に付けるだけではなく、自分から人に関わろうとする力、実際の生活の中での出来事や問題に対応する力や考える力を、子どもたちが自分の力で身に付けていくことができるでしょう。つまり、他者と互いを大切にし合う力を育てることができると考えています。

第五章　子どもの可能性を信じる

一人ひとりの子どもに寄り添う

「ピグマリオン効果」という言葉があります。「教師の期待によって学習者の成績が向上する」という意味で一般的に使われています。

私なりの言葉に置き換えると、「一人ひとりの子どもの可能性を信じる」となります。

新年度がスタートして教室で出会った子どもたちを前にしたとき、私は、「この子たちは、将来、自分なんかよりも、もっともっと立派に成長して、社会に貢献する人間になるのだろう。クラス全員がそうだ」と思います。そうした子どもたちの成長の可能性に対する尊敬が、教師にとって何よりも大切なのではないかと思っています。そして、そういう思いがなければ、人を育てることはできないと断言します。目の前の子どもたちの尊厳を守ることに、教師は努力を惜しんではならないのです。

一日の始まり、一週間の始まり、一年間の始まりに、そうした気持ちを子どもに伝え、ともに成長していくことを確認したいものです。

「同じ学級は二度とできない」と言われます。当然子どもたち一人ひとりは違います。その成長の可能性を、教師が初めから決めてしまっていることで、子どもたちの成長を限定してしまっていると思うのです。

私が最後に担任したクラス六年一組も個性豊かな子どもたちが集まっていました。そんな子どもたちの何人かの「個のストーリー」を紹介します。

安心と安全の教室

内川椋太君は、平成二六年・二七年の二年間、彼が五・六年生の間、私が担任をした男の子です。

私が、担任をする前の四年生までは、特別な支援を必要とするお子さんで、身の回りの整理が苦手な内川君の机の周りは荷物が山のようになっているため、彼の名前をもじって、そこは「うっちーランド」と呼ばれていました。

苦手な算数の割り算の問題がプリントに出ていると、

「どうして、ここに割り算が出ているんだ！」

と大声をあげ、席替えでストーブの近くになると、

「オレを焼き殺す気か！」

と暴れて、校長室に行ってはクールダウンをして、また教室に戻ってくるという行動を

繰り返していました。

このような子どもとどういう関係をつくることができるか、またクラスの中の友達との関係をどのようにつくることができるかがポイントになります。

そんな彼のことを、私は、「エジソンか、アインシュタインか、うっちーか」とよく言っていました。私は、彼がある意味天才的な思考力や想像力をもっていると感じていました。彼が感情を爆発させることなく、もっている力を存分に発揮するには、安心と安全の関係に満ちたクラスという空間が必要です。

私は、一人ひとりが確かな友情でつながった教室の中でこそ、人間としての成長があると思うのです。

内川君が卒業文集に描いたマンガを紹介します。


四年生までは、少しのことで友達と衝突し、ささいなことをきっかけにすぐにケンカになっていたようです。

五年生の半ばを過ぎた頃から落ち着きを見せ、学習に真剣に取り組むようになった姿を感じたお母さんが、家で内川君に、

「最近、ケンカはしていないの？」

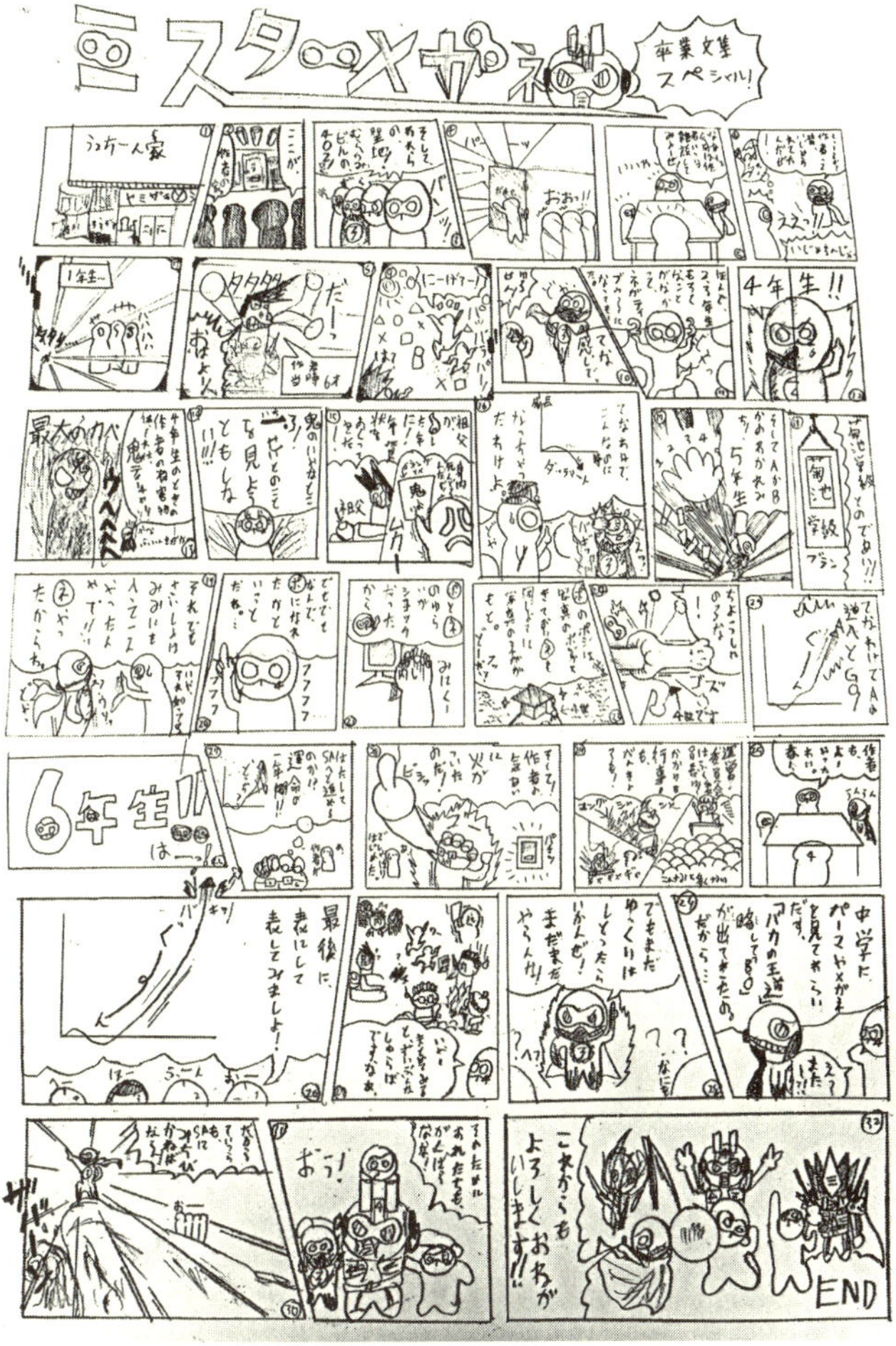

「ミスターメガネ　卒業文集スペシャル」

と訊いたところ、即座に、

「うん」と答えたそうです。

お母さんが重ねて、

「どうして？」

と訊くと、

「ケンカをする必要がなくなったから」

と答えてくれたと連絡帳に書いていただきました。

「ケンカをする必要のない空間としての教室」を創り出すことが教師の重要な役目だと思います。

彼は、髪の毛が天然パーマで、くるくると巻いたくせ毛のため、以前はそのことを友達にからかわれて、ケンカになっていたようです。

六年生になってからは、彼は、教室にやってきた外からのお客さんに対して自己紹介をする際には、

「ぼくのチャームポイントは、この髪形です」

と、髪の毛をさわりながら言うようになっていました。それを聞いた人たちも温かいまなざしで彼を見てくれていました。自信がないために相手をからかったり、攻撃したりと

いう関係から、良いところを認め合う安心できる関係に変わることによって、自分を開示することができるようになったのです。

そんな彼から、卒業直後にメールが届きました。


うっちーです。

菊池先生、今僕は成長しています!!　きっと皆成長しているでしょうね。

僕は先生に出会って人生がガラリと変わりました。

皆さんも見ての通り、だれもがＳＡへと、闘争心に火をつけてあの六の一があると思います。

では、もし六の一の担任が菊池先生ではなかったら、
僕たちはとんでもない問題児になっていたでしょう。

つまり菊池先生は僕たちにとって感謝しなくてはいけない人なのです。

菊池先生、今までありがとうございました。

うっちーは、もっと成長していきます！　うっちー

私は、変わった

元山美莉亜さんは、小学校入学後から四年生までの間、友達とのトラブルが多く、問題をよく起こしていた女の子でした。

五年生になった始業式の間、もぞもぞと動き続ける落ち着かない様子の彼女の姿を覚えています。

そんな彼女も、五年生の中頃からは落ち着き始め、急速に成長し、クラスのリーダーの一人になっていきました。彼女の大きな成長は、クラス全員の成長の象徴でもあると感じていた私は、六年生の秋の人権週間応募作品として、元山さんが書いた作文を選びました。

人権週間応募作品　「私は、変わった」

6年　元山美莉亜

「私の自分らしさは、リーダーシップがあることです」

自己紹介をする時、よくこの言葉を口にするようになりました。口ぐせになったのです。

4年生までの自分は、人のマイナスを見て、そして自分の心を荒れさせていました。トラブルばかりを起こしていました。

私は、変わったのです。

「むかつく」「何しよるんね」「どうでもいい」……このような言葉が、四年生までの私の口ぐせでした。

友だちと小さなことでいがみ合い、毎日といっていいほどケンカをしていました。何かしらいら立っていたのです。

4年生になったころ、友だちのちょっとした一言に自分をコントロールできなくなって、プランターを投げつけて割ったこともありました。

よくは覚えていないのですが、私はもう変わることはない、と決めつけていたように思います。

5年生になりました。一学期の中ぐらいから「ほめ言葉のシャワー」が始まりました。「ほめ言葉のシャワー」とは、毎日一人の友だちをみんなでほめ合っていくという活動です。毎日、毎日行います。ほめられる「主人公」の人は、あたたかい言葉のプレゼントをクラスのみんなからもらうのです。

私も、

「元山さんは、4年生までと違って笑顔が似合うようになりました。──」

「私が困っていたら『大丈夫？』と声をかけてくれました。――」

「自習の時、『静かにしよう』と呼びかけていました。成長していますね」

といったプレゼントを、笑顔をセットにしてみんなからいただきました。

もちろん私も一人一人に言葉のプレゼントをわたしました。毎日、わたしました。

今、私は変わりました。「どうせ私なんか」と思い込んでいた私が、みんなとも楽しく仲よく過ごせるように変わったのです。

クラスも、笑顔であふれるようになっています。ケンカもするけどすぐに仲良しです。

毎日行っている「ほめ言葉のシャワー」で、一人一人が自信を持ってきたからだと思います。一人一人が安心して「よかった」と思える教室になってきたからだと思います。

6年生になった今、時々、お母さんから、

「美莉亜、あんた変わったね」

とほめられます。私は、胸を張って、

「そうよ。成長しているから」

と答えています。

私らしさを見つけて、毎日笑顔でいられる私を、私は「大好き」です。

「成長」という言葉も知らず、マイナスの方向ばかりだった過去の生活を冷静に振り返り、クラス全員が認め合って成長してきたことを、素直な言葉で綴っています。

「自分をコントロールできなくなって、プランターを投げつけて割った」ことを落ち着いて振り返ることができるようになっていました。自分やクラスの友人のことも客観的な目で見ながら、「成長」をキーワードとして、プラスの方向に生活を変えていった自分を、作文の最後には「大好き」だと書くまでに変わっています。

彼女の成長の軌跡を一年半の間、担任としてみてきた私は、その成長の日々の事実を知っているだけに、胸を打つものがありました。

元山さんから、小学校卒業直後に私のもとにメールが届きました。

菊池先生こんにちは。

一昨日卒業式を終えてこんなに悲しくなるものなのかというほど泣いてしまいます。

でも、その涙の裏には一から十に変われていった努力があったからだとおもいました。

質問タイムで卒業式までにＳＡにいけるかという質問がよくあったので先生に皆がＳＡに行けたのかと質問をしました。

そして今日ふと朝六の一を思いだして思ったことがＳＡに行けたのかということではなくそれを考えられる人に、自問自答できる人に、ＳＡに一歩ずつ近づこうとするという行動ができる人が本当のＳＡなんじゃないかと二年間を振り返りながらも思いました。

菊池先生の優しさは先生の授業でわかりました。＝ほめるところ＝競争心が皆に生まれるからです。

一人一人の机を雑巾でふいたという話を聞いて後悔をしたという話は私の宝物です。

私達の担任はさすがだなあ、と思いました。笑
もう、菊池学級がよみがえることはありません。

そしてもっと皆に出来ることがあったのでは？　と考えるときもあります。

今思っていることが皆に伝わり、中学では一人一人、個を大切に成長していってほしいというのが私の願いです。

私は親御さんたちから一の人だと思われていると思っていたから不安があったけど、大関君のお父さんが嫌なことがあったらいつでも帰っておいでと言ってくれたりしたので、十になれてよかったと本当に思いました。

二年間ありがとうございました。

とても楽しかったです。

あのクラスにもどりもう一度ほめ言葉のシャワーをしたいというのが今の一番の願いです。

学校の楽しさを教えてくれてありがとうございました。

私達34人は菊池先生率いる菊池学級が大好きです！

長文ごめんなさい。

「ＳＡに行けたのかということではなくそれを考えられる人に、自問自答できる人に、ＳＡに一歩ずつ近づこうとするという行動ができる人が本当のＳＡなんじゃないかと二年間を振り返りながらも思いました」という文章は、一二歳の少女がたどり着きうる最高のレベルだと思いました。そして、それは哲学的な解答でもあると思いました。

私の指導を一つひとつ全身で受け止め、このように大きく成長してくれた教え子に感謝しています。

横のつながりで成長する

毎熊さんは、平成二五年度の五年生の途中に私のクラスに転校してきました。静かでおとなしく、自己主張もあまりしないタイプの女の子でした。

教師をしていると、クラスの中には「無責任な積極性をもった子」と、「消極的だけど責任感のある子」がいることに気付きます。元気で目立つけれど、クラスをまとめることに関心をもてない子と、口数は少ないけれどじっくりとものごとを考えてクラス全体を良くしたいと願っている子です。毎熊さんは典型的な後者のタイプの女の子でした。

話し合い活動の際に、いくつかのグループが自然発生的にできて、活発に話し合っているようなときも、毎熊さんは自分の席に座ったまま、一人で教科書や参考図書、そしてノートと向かい合って、自分の意見をまとめていました。そんな熟考型の子でした。

六年生の終わりに、彼女は、「自分自身が変わった一年間」というタイトルで三ページのマンガを描きました。

マンガの一枚目の最初に転校したばかりで緊張しているときに、となりの席の子から明るく挨拶をされたことを、「初対面なのに……声をかけれるとか、私には絶対真似できない」と思い出して書いています。自分の成長のきっかけが友達の行動の中にあるということの一つの例だと思います。教師の指導として、「初対面の人にもきちんと挨拶をしよう」ということはできます。大切なことは、その指導が価値のあるものとして子どもの中にどれだけ入っていくかということです。子ども同士の横の関係の中で子どもは成長していくのです。

また、マンガの二枚目には、初めて経験した「ディベート」の様子が細かく書かれています。一つひとつの場面を本当によく記憶しているなと感心させられるマンガです。そして、ディベートの最後に「少しは自分の班の力になれたのかな？　なれたらうれしいな……」と書いています。やはり、子ども同士の横のつながりの中でこそ、達成感や成長の事実を確認できるのだと思います。

毎熊さんのディベートでの活躍の様子は拙著「動画で見る　菊池学級の子どもたち（中村堂刊）」に動画としてＤＶＤに収めさせていただきました。その自身の姿を見た彼女は「こういう風にうれしさを実感したのははじめてかも……」と書いてくれました。教室という社会で役立つことを実感した彼女の成長は、その後、卒業までの間に急加速しました。

「自分自身が変わった一年間①」

「自分自身が変わった一年間②」

「自分自身が変わった一年間③」

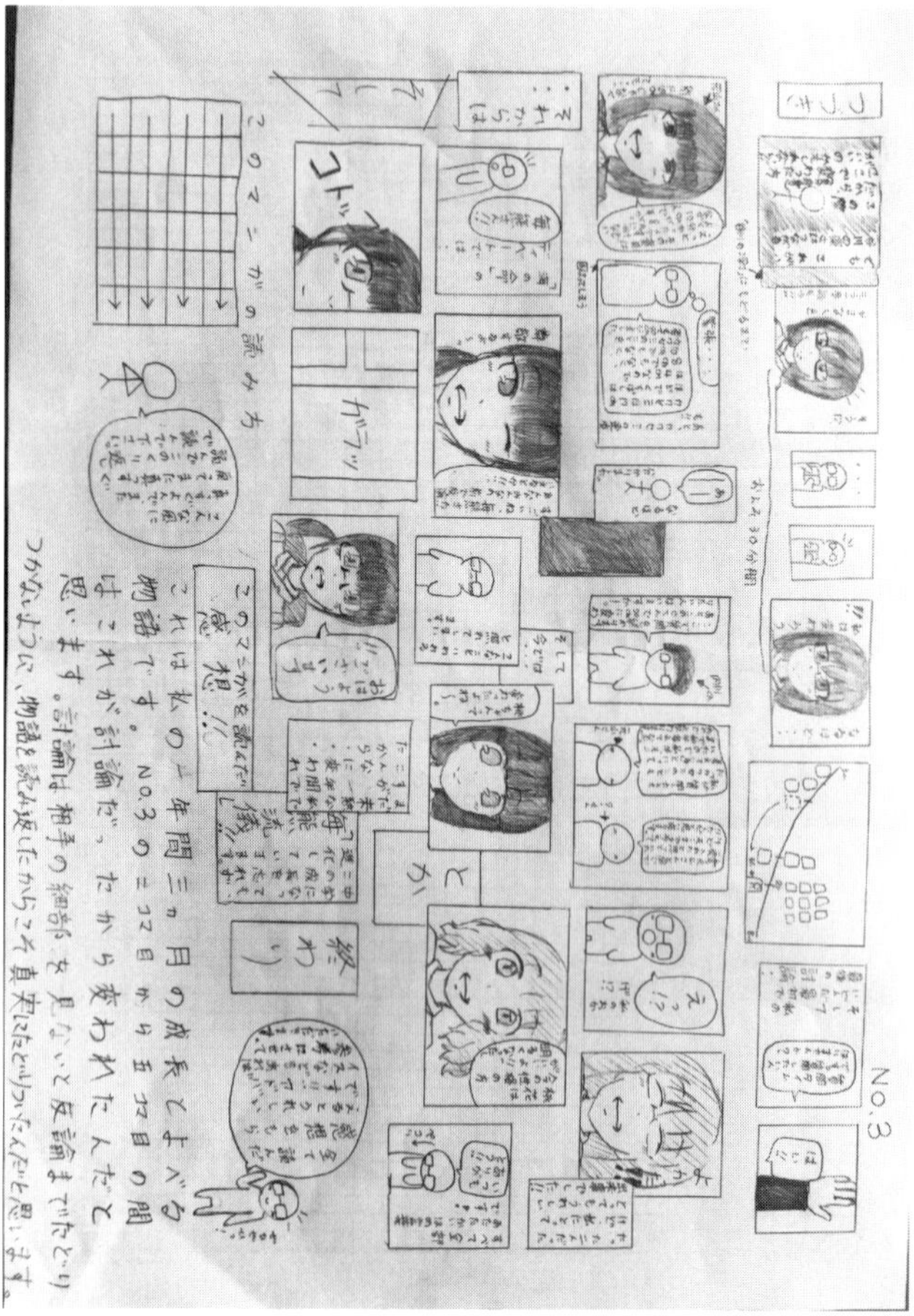

卒業後に届いたメール

卒業直後に届いた教え子からのメールや Facebook への書き込みのうち、二つを紹介します。

曾根崎妃那さん

卒業式……いまでもみんなのことを思い出したら涙がでます（泣
二次会で、今までであんなに泣いたことのないくらい泣きました（笑笑
あのティッシュの山はすごかったです（笑笑
中学校でもいつまでも自分らしい自分であり続け思いっきり頑張ります。
2年間本当にいろんな成長と学びをありがとうございました。
卒業式が終わるまで私は涙をこらえていましたがやっぱりこらえきれず、
体育館をでたすぐの階段の所で坂口さんと泣いてしまいました。
きっと先生がいなければ泣かなかったと思うし毎日学校が楽しいとはおもいません（笑笑

中村愛海さん

夜遅くにごめんなさい（＞ロ＜）

先生2年間ありがとうございました。どうしようもなかった私達をこんなにも成長へ導いてくれて。先生と学んだ日々は忘れません。一生の思い出です。

先生の一人一人に対する眼差しがとても、あたたかかったです。本当にありがとうございました。

言葉ではうまく伝えられなくてごめんなさい。だけど、こんなに、クラスが好きになったのは初めてです。先生が日本一の学級と言ってくれたときは、嬉しかったです。

先生が誇れるような立派な生徒になれててよかったです。

卒業式はほんとに涙でした。先生は最後まで最高の笑顔でいてくれました。

私は先生の真面目で厳しいところと、明るくて面白いところが大好きです。

今までありがとうございました！

お体に気をつけて最強の学級をこれからも沢山つくっていってください！


「最後の菊池学級の子どもたち」は、このように健気に大きく成長してくれました。自分の成長と、クラスの成長を喜びながら、自分もクラスのみんなも大好きという子どもに育ってくれました。安心感のある教室を創り出すことによって、自分に自信をもち、無邪気に毎日を全力で生活する子どもが育つのです。

教師として、これ以上の喜びはないと思っています。

これらは、全て、言葉を大切にし合う中で、自分らしさを知り、それを大事に成長させようとしている子どもたちの事実です。

第六章　学校と地域・社会

学校、地域、家庭を考える

私が、若かった頃、「新人教師は保護者が育てる」という趣旨のことをよく聞きました。新しく採用されたばかりの先生に対して、職員室の教員同士はもちろんでしたが、地域全体から温かな視線が向けられていたように思います。今日の状況とは違っていました。

新年度を前にしたクラス編成の際、子どもたちをどのように編成するかということは当然として、保護者の顔を思い浮かべながら、どのように組み合わせたら、学級がまとまっていくかということを、配慮している場合もありました。

コミュニティ・スクールという制度のない時代から、学校と地域は密接な関係の中でともに成長をしていたのだと思います。

私が最後に勤務した校区は、北九州市の小倉駅前の繁華街でしたから、家庭環境もバラバラでした。ご存知のとおり、小倉界隈はけっして治安の良いところでもありません。

そんなことも背景にあったからでしょうか、

「菊池先生は、保護者との関わりをどのようにされていますか」

という質問をいただくことが、ときどきありました。

正直、私はあまり保護者に対して連絡を密にとるようなタイプの教員ではありませんでした。実は、三三年間、学級通信というものをつくったことが一度もありません。

私の保護者に対するスタンスは、

「子どもの様子を見ていてください」

というものです。

私は、成長ノートの取り組みをずっと続けていましたから、私と子どもとの関係は濃密です。そのやり取りを保護者に見ていただき、子どもの成長する姿を見ていただき、保護者によってはその成長ノートに書き込みをしてくださり、保護者に対して発信をしない部分を補っていただいていたように思います。

したがって、私は保護者との関係をどうつくるかと言う問いに対しては、子どもの成長の様子を見ていただくということ以外にしていない、ということになるのです。

そんな私ですが、毎年毎年の子どもたちの成長の中で、保護者との間にも強い信頼関係を築かせていただいてきたことは、本当に幸せなことです。

平成二五年度と二六年度の二年間、五年生、六年生と担任した男の子、つまり、最後の菊池学級の子どもたちの一人のお母さんからの二回にわたっていただいたお手紙を紹介します。

二〇一五年（平成二七年）三月一七日（火）連絡帳での手紙

菊池先生、二年間お世話になりありがとうございました。

先生のご指導のおかげで自分に自信を持ち、のびのびと学習、成長し、大変感謝いたしております。

今朝「もう卒業とか変な気持ち」と言うのでやり残した事はないか、と聞くと「ない」と即答でした。

二〇一五年（平成二七年）四月一日（水）の手紙

拝啓、陽春の候となりました。

菊池先生におかれましては、ますますお忙しく充実した毎日をお過ごしのことと存じます。

息子が二年間お世話になりました。

小さい頃から個性の強い子でした。

二年生の時に発達障害と診断を受け、授業に集中できるよう薬を飲み始めました。

落ち着かない時には、授業中、校長室にいる事も一度や二度ではなかったようです。

他のお子さんに迷惑をかけたりけんかをしたり、四年生の頃は目に素直さが消え、勉強を面倒くさいと思い始めていました。口答えや言い訳も多くなりました。

そういう年頃になったのだ、という思いと、このままではいけない、何とかしなくては……という思いの時期でした。

個性的な所は、時には可愛くも思いますが、自立する頃に本人が苦労するのでは……と憂慮していました。

五年生の一学期の始業式の日、帰って来て嬉しそうに、

「菊池先生が、担任の先生になった！」

と言い、私も嬉しくて、すぐに「菊池先生のことばシャワーの軌跡」の本を買ってきて拝読しました。

半分も読まないうちに（あの子は救われた）と確信しました。

五年生の二学期には、薬を飲む事もやめました。

中学入学を控え、不安より自信の方が勝るあの子を見て、私も救われたと思っています。

奇跡の出会いと菊池先生のご指導に感謝の一言では足りないほど感謝いたしております。

この度、退職とお聞きして、とても淋しい……が最初の正直な私の気持ちでしたが、息子

は直接ご指導を受けられてラッキーだったと申しております。

全国の先生方へのご指導をお続けになる事で、私達親子のように救われる親子や先生が、増えるのだと理解しました。

御活躍、陰ながら応援させてくださいませ。

菊池先生、毎日お忙しいと存じますが、くれぐれもご自愛くださいませ。

心より感謝の気持ちをこめて……


私としては、担任として、当たり前のことを当たり前に、ただ全力で取り組んだ二年間の結果としての手紙だっただけに、とてもうれしく、感動しました。そして、常に、教師としての力量を高め続けなければいけないと痛感しました。


また、同じ二年間担任した別の男の子のお母さんとの、卒業後のやり取りを紹介します。

私は、担任をしていた期間は、保護者と、学校という公の場以外でのやりとり（つまり、Facebook などのＳＮＳを使った連絡、メールなど）は一切しないようにしていました。そこは、教師という仕事の中では大切なポイントだと思っていたからです。

したがって、以下のやりとりは、子どもが卒業して「もういいかな」と判断したうえで行ったものです。

A君のお母さん　二年間色々とお世話になりました！

菊池　こんばんは。こちらこそありがとうございました。楽しい毎日でした。これからの成長も楽しみです。本人にもよろしくとお伝えください。

A君のお母さん　卒業式は最後までみることが出来なくて残念でしたが、Aに話はききました！　ご迷惑ばかりおかけしましたがAも性格がかわり楽しい小学校生活を送ることができました！　本当にありがとうございました！

菊池　毎日の本人のがんばりがうれしく頼もしくありました。がんばったと思います。本人なりの辛さもあったと思います。でも、友達と一緒にそれらも乗り越えようとしていました。「よくがんばったなあ」と思っています。中学校では、何か部活などで打ち込めることがあるといいですね。これからも彼の成長を楽しみにしています。

A君のお母さん　いまテニスを遊びでしてるのでテニス部があれば入りたかったみたいなんですけどないので！　でも塾で中学校の数学にとりくんでます！

菊池　勉強にも興味を持ってくれたことがなによりです。本人なりに、分かる、できるという気持ちになってくれました。今の気持ちを大切にしてほしいなあと思っています。自信を持っていいですね。これからも何かありましたらご連絡ください。ずっと見守っていたいと思っています。期待しています。

Ａ君のお母さん　ありがとうございます！　友達で変わる性格なのでこのままでいてくれたらと思ってます！

菊池　Ａ君にもよろしくとお伝えください。

Ａ君のお母さん　はい！　私も楽しみにしてます！

この男の子も、二年間の中で大きく成長しました。お母さんが、この子の小学校の卒業式の様子と中学校の入学式の様子をFacebookで「おめでとう」と書き込みをされているのを見て、お母さん自身の成長の二年間でもあったと感慨を深くしたものです。

五年生になった彼を担任した当初は、学校に来るのがやっとで、来たとしても授業中は机にうつ伏してダランと寝ていました。学校には「標準服」という名称の制服がありましたが、彼はそれを着てくることもありませんでした。というよりも、制服を買ってもらっていなかったのです。机の中の整理箱もありませんでした。親から何もしてもらえていない児童だったのです。

彼にはお兄さんがいて、家は、その友達のたまり場になっていました。その中で、一緒になって夜遅くまで遊んでいたのですから、昼間眠いのは当たり前です。そんな状況でも、お母さんは何も子どもたちと関わろうとしていなかったのです。

そのお母さんが、息子が小学校を卒業し中学校に入学する段階になって、自身の子どもの成長に関心をもち、喜びの気持ちをFacebookに書き込み、担任だった私にお礼の連絡をくれるようになったということに、私は感動しました。

青少年犯罪の報道に触れて

二〇一五年（平成二七年）年二月に、神奈川県川崎市で一三歳の中学一年生が殺害され遺体を遺棄されるという事件が起こりました。その後、少年三名が殺人容疑で逮捕されました。

また、二〇一五年（平成二七年）年六月には、愛知県刈谷市で一五歳の高校一年生が集団暴行を受けたあと川で遺体が発見された事件があり、一四～一六歳の少年三名が集団暴行の容疑で逮捕されました。

このような少年犯罪の報道に触れるたび、私は背筋が寒くなると同時に、とても悔しい気持ちにもなります。それまでは、一緒に遊んでいた仲間だったのでしょう。何かのきっかけで、関係に亀裂が入り、集団心理もはたらいてブレーキの外れた状態で暴行につながっているのだと思います。

講演会などで呼ばれて懇親会に参加すると、夜の十時以降でも自転車に乗って派手な格好をした少年たちを繁華街で目にすることがよくあります。そうした姿とこれらの少年事件が、私には重なって見えます。友達と一緒にいて、たわいもないことを語り合うのは、それはそれで刹那は楽しいのでしょう。でも、私には、それは「大人たちに見捨てられた姿」にしか見えません。

こうした状況に毅然とした態度で、「一人も見捨てない覚悟」で、周りの大人たちが向かい合う以外に、少年たちを正しく社会と関わらせることはできません。

私は、教師という仕事の可能性と限界を、絶えず考え続けてきました。

結果、教師として、学校という場で最善を尽くすことこそが自分の仕事だと確信したのです。

学校は地域とともに成り立っています。それは当然です。ただ、あえて言わせていただきたいことは、地域や社会が学校に多くのことを求めすぎている、期待しすぎているということです。私の責任は、子どもの成長という一点においてあります。保護者との関係づくりまで視野に入れたり、考え始めたりすると、不器用な私には「子どもの成長」という軸を守り切れなくなってしまうのです。

ただ、子どもの姿をもって、親や地域と関わっていくことはできます。それは、記した事実のとおりです。

教師として子どもを成長させるという覚悟は、とてつもなく大きな社会的役割も果たすものだと確信しています。

民間の教育関係者との連携

私は、これまで述べてきたような基本的な立場で、学校と地域を考えています。

公立小学校・中学校は、地域・社会のセーフティーネットであり、その役割を果たしていきたいと考えているわけです。

一方で、ＮＨＫの人気テレビ番組「プロフェッショナル　仕事の流儀」に出演させていただいたことをきっかけに、必ずしも教師だけを対象とした講演会やセミナーではない場も呼ばれることが増えてきました。私が、従来型の一斉授業を基本とした教科の内容を解説する教師であれば、そのようにはなっていなかったと思います。

学校現場でのコミュニケーション教育が、大人になってからの人生にとっても重要であったり、まだまだ学校では育てられていない力の教育であったりしたためだろうと思います。

学習塾、キャリア教育、福祉関係、企業研修の場など、呼ばれる場も多様化しています。私としては、だからと言って、特別な話を用意するのではなく、小学校の教室の中のコミュニケーション教育とそれによる成長の姿を見ていただいたり、聞いていただいたりしています。

しかし、それが初めての人にとっては、大きな驚きとして受け止められているのも事実です。そこに、私は、コミュニケーション教育の大きな可能性を感じているのです。

二〇一五年（平成二七年）六月七日に、四国の香川県高松市で「これからの新しい教育のあり方を考える　～挑戦！四国四県からの発信！～」というフォーラムを開催しまし

2015年 6 月 7 日（日）サンポート高松にて

四国フォーラム　筆者

四国フォーラム　パネリスト

た。

　これは、四国四県から、小学校教員、教育委員会研修指導員、人材育成会社の社長、塾の経営者という、それぞれが違う立場で教育に関わっていらっしゃる方々に一同に会していただき、社会総ぐるみでの「教育改革」をスタートさせようという、画期的、かつ、かなり野心的な志をもったフォーラムでした。

　ここに集われた方々は、私の出演した「プロフェッショナル　仕事の流儀」をご覧になられて共感していただき、その後、それぞれが別々に私に連絡をくださった人たちばかりです。私が四国の愛媛県の出身ということもあり、教育の目的を話すほどに、一人ひとりと意気投合し、この日のフォーラム開催となりました。

変化する社会状況に対応できていない旧態依然とした教育の在り方を、それぞれの立場から変えていきたいという情熱に満ちたフォーラムになりました。

このフォーラムで語られた内容の詳細は、改めてまとめる予定ですが、戦後七十年が経った今、可能な限り、様々な角度から、学校現場を変えていきたいという思いが私には強くあります。

受験に勝ち抜くことをその大きな目的としている塾、あるいは、社会人になってから行われている社員研修や企業研修、このような仕事をしている人たちと学校が、目的を同じくして教育を進めていくことは、とても大切だと私は思っています。

塾などは、ともすれば学校と対立関係になってしまい、塾は「学校は、受験に対して何もしてあげられていない」と批判したり、学校は塾を「必要悪」のように批判したりします。

こうした関係を乗り越えて、学校教育を基本としつつも、社会全体で地域の教育を創っていくことが必要な時代になっています。

三三年間いた学校という空間は、とても内向きでした。教師の世界の中だけで、閉ざされた議論をしていました。私は幸いにも日常的に、文部科学省の官僚の方にお会いしたり、民間の企業の方々にお会いしたり、テレビ・新聞・出版・映画などのマスコミの方々にお会いしています。全国各地の先生、教員を目指す若き大学生の皆さんなどと日々交流しています。その中で、多くの方々から、新鮮なものの考え方、別の角度からのものの見方、最新の情報といったものを教えていただき、自分の考え方に取り込んできました。

結果、学校という枠組みを超えた運動によってしか、日本の教育は変わっていかないと実感しています。

「子どもの人格形成」という大きな目標に向かって、皆でともに考え、力を合わせ、進んでいきたいと強く思っています。

第七章　教師の成長

に思います。

■変わらない学校

「学び合い」という言葉が学校教育の現場で言われるようになって、随分時間が経つように思います。

私の考える学び合いは、本質的には「教える側から学ぶ側に視線を移す」ということです。教師が子どもたちに「教える」という一方通行の教育を、子ども同士が横につながって意見を交わし、考えを深めていくということです。

現在、「学び合い」として行われているものの多くは、従来型の「一斉授業」の合間に「話し合い」とか「グループ学習」をさしはさんだものであり、本質的には、依然として「一斉授業」の枠の中にあるものだと思っています。

「教師が子どもに教える」という枠組みを、「学びの主体を子どもに移していく」という転換が今こそ必要だと私は考えています。

それは、繰り返しになりますが、多様化している子どもたちに対して、力で押さえることは何の教育的効果を生み出さないばかりか、マイナスの結果を導くだけであるからです。

「子どもの人格形成」という大きな教育目標に立ったとき、今の学校の中にある「常識」

を疑って、今の時代にふさわしい新たな教育的価値を創り出したいと思うのです。

不思議に思うのは、社会の要請があるにも関わらず、学校現場はどうして変わらないのかということです。

結論じみてしまいますが、私の体験では、管理職の責任、中でも学校運営の責任者である校長の責任が大きいと思います。もちろん全国の校長先生を相手にそういうことを言うつもりも毛頭ありませんが、私の体験や見てきたものから導き出された結論であることはご理解いただきたいと思います。

制度的な問題ですが、校長は、やはりすごろくでいう「あがり」のポジションです。ゴールした最高位で、問題を起こさず、従来の踏襲をして、つつがなくその時間を全うしようとすることはそんなに責められることではないのかもしれません。

ただ、それによって学校が停滞し、教室が崩壊しているのだとすれば話は別です。

なぜ校長が機能しないのかを考えてみると、理由は二つあるように思います。

・子どもたちへの意識が低い
・教育委員会ばかりを気にしている

ということではないでしょうか。

さらに、その理由の背景となっているのは、
・校長になるまでの実践が乏しい
・自分の頭で考え責任をもって判断できない
と言わざるをえません。


そうした管理職がつくり出す学校と職員室は、想像するに難くありません。

そして、無事退職した校長が、地域によって違いがあるとは思いますが、毎年入ってくる希望に満ちた新米教師を指導する役割を与えられ、再び学校に入ってくることがあります。

典型的な古い教師に、変わりゆく現状に対応しなくてはいけない教師を育てられるはずもありません。

そうした悪循環が、「ほめ言葉のシャワー」とは縁遠い空気が満ちた職員室、その職員室で子どもの悪口を言い合う教師を生み出しているのです。

教師一人ひとりが、自覚的に時代をとらえ、子どもたちを見つめ、流されないように努力するしかないのが現状です。

教師の覚悟――ある日の質問タイムとほめ言葉のシャワー

二〇一五年二月下旬、卒業まで残りひと月を切り、教室の子どもたちの中に、独特の緊張感がみなぎっていました。二年前から、あるいは一年前から、「ＳＡ（SuperA）」に向かって「成長」をキーワードに、共に励まし合ってきた仲間です。自分たちがどこまで成長できるのかということを本気で考え、ラストスパートに入っていました。

そんな二月二五日の朝、Ａ君の質問タイムで一日が始まりました。最初は、普段とあまり変わらない内容で進んでいました。進むにつれ、質問の内容が少しずつキーワードの「成長」にシフトしつつありました。大きく流れが変わったのは、クラスの中の静かな積極性あるＳさんとの間で、次のような質問と答えが交わされたときです。

Ｓ　卒業するまでに完成したい、あなたの目標は何ですか。
Ａ　勉強とスポーツを両立できることです。
Ｓ　達成するには、今、どんな努力をしていますか。
Ａ　………。（無言）
Ｓ　何もしていないんですね。

Ａ　はい。

Ｓさんがどこまでこの質問を自覚的にしたかは分かりません。ただ、卒業を間近に控え、皆と一緒に前に進みたいと本気で思っていた彼女の、素直な質問だったのだろうと思います。私は、一年間Ｓさんの努力を見ていましたので、その気持ちが伝わってきました。

一方のＡ君は、子どもっぽさの残る男の子で、自分の好きなことはやるけれど、こつこつと努力をすることとは縁遠いタイプの子でした。

そんなＡ君をこのままにしておいたら、六年一組みんなでＳＡになって卒業するという目標が達成できない——そんな焦りや苛立ちがＳさんにあったのでしょう。私にはその気持ちが痛いほど分かりました。

このやりとりを聞いたあと、私は大きな声で次のように子どもたちに言いました。

二十秒考えて、次からはＡ君に厳しい質問をしなさい。今、Ｓさんがしてくれました。彼のために、厳しい質問、「甘えるな」「とぼけるな」っていう質問をしなさい。そんな甘っちょろいことに付き合っている時間はないんだ。付き合ってやっているんだから、それをしなくちゃだめだ。

私にとっても、勝負の発言でした。この後、子どもたちがどういう質問をするのか、A君がその質問を受け止められるのか、耐えられるのか。でも、自分の中には確信にも似た思いもありました。このクラスであれば、今日の質問タイムは、「歴史的」な質問タイムになると。

A君にも「みんなの時間を取っているんだ」と言い含めました。彼は、唇をかみしめて、これから自分にされるであろう「厳しい質問」をじっと待っていました。

U　さっき、勉強とスポーツを両立させるための努力をしていないと言っていたんですが、なぜ今までしなかったのですか。

A　気持ちがゆるかったからです。

U　今からその気持ちは引き締められると思いますか。

A　したいです。

U　がんばってください。

O　勉強のときでもちょっと自分からは出て行けなかったり、片足でいすを立てていたりして、そのように普段から態度悪いのに、よく野球なんかやっていられますね。どうして、やっていられるんですか。

A　好きだからです。

O　好きなことをする前に、自分の身の周りのことからやれ。

H　ネガティブから立ち直ろうと努力しているとか言っていますが、先日、Nさんが「努力っていうのは、飾りだけの言葉ではない」と名言を出していて、それだけ努力するということが大切だと分かっているはずじゃないですか。Sさんが「努力していますか」って聞いたときの沈黙は、「美しい沈黙」ではなくて「きたない沈黙」だったと思います。その沈黙があったことで、あなたは努力できるかっていうと、努力ができないと思います。そういうことを考えると、本当の心の中はどうなんですか。

A　努力しているとは言えません。

H　（教室に掲示してある「ほめ言葉のシャワー」の日めくりカレンダーの絵のことを自分は絵が下手だからと言い訳をしたことについて）絵が下手だからとか言っているのは、それこそ気がゆるんでいるからで、本気でやればちゃんと描けると思うし、こういうカレンダーはクラスみんなが見るものだから。

A　絵が下手だけど、十分これでもがんばった。

H　がんばったとかそういうことではなくて、「がんばった」なんて言っているのは自分を甘えさせているだけです。今、私に言われたことを思い出して、これからずっと気をゆるめないでがんばってください。

A　すいません。ありがとうございます。

H　「すいません」ではなく、「はい」と言ってください。

A　はい。

このあともさらに質問は続きました。皆からの厳しい質問でしたが、A君は一つひとつに真剣に耳を傾け、自分のものにしようとしていました。

その日の帰りの会では、A君に対する「ほめ言葉のシャワー」が行われました。その中では、朝の厳しい質問タイムを頑張りぬいたA君へのほめ言葉が次々と浴びせられました。ある男の子は、芸能レポーター風にA君をほめました。別の男の子は、歌と踊りを交えてほめ言葉をA君に贈りました。

それを受けて、A君は「ほめ言葉のシャワー」の感想を三つに整理してはつらつと述べました。

「ほめ言葉のシャワー」の感想を三つ言います
一つ目は、みんなが、僕は最初はネガティブになっていたんですが、ほめ言葉の中で、自信を付けてくれたほめ言葉を言ってくれたのでうれしかったです。

二つ目は、みんな今朝の質問タイムのことを言ってくれたりしたので、僕は最初は受け流すような感じになっていたけど、反対言葉の「聞き流していない」というようなことを言ってくれたので、うれしかったです。

三つ目は、これは感想じゃないんですが、今、改めて……。改めてじゃないけど、今までのことを振り返ってだめなことは認めて、ブスッとしないで、もっとポジティブにいこうと思った。

これで、ほめ言葉の感想と、自分の思ったこと、みんなに対しての言葉を終わります。

私は、すかさず、

「今の感想はとてもよかった。めちゃくちゃよかった」

とほめました。

大人の社会では、今の時代を「不寛容の時代」と呼んだり、「萎縮の時代」と呼んだりしています。民主主義の世の中で、自由な言論が封殺されるということはあってはならないことです。

私は、日本の戦後教育の中に、コミュニケーション教育が不足していたことを残念に思います。成熟した社会の根本は、個の確立とそれを土台とした自由な意見の交換だと思うからです。

それが成り立たないのは、コミュニケーションをとる方法もルールも学んでいないからだと思いますし、その体験に基づいた相手を思いやる心が十分に育っていないからだと思うのです。

「みんな仲良く」という学級目標が掲げられた教室があります。もちろん、それは素晴らしいことです。ただ、表面的に「仲良くしましょうね」という教師の喧嘩両成敗的な指導は、子どもたちには入っていきません。表面的に仲良くすることに、人格の成長があるとは思いません。

言いたくないこと、言いづらいことも言わなくてはならないタイミングはあります。そして、そのときこそ、重要な成長のターニングポイントだと思います。教師と子どもが、

子どもと子どもが、本気の信頼関係で結ばれているとき、本気のぶつかり合いができるはずです。それは、ほめるとか叱るとか、論や技術を超えた向こう側にあるものです。

こうした関係を、一年間を見とおして教室の中に実現していくことこそが、教師の醍醐味だと信じています。

非日常で子どもを育てる

私は、教室の後ろの高いところに、成長年表というものを貼っていました。

学校生活の中の行事などを短冊に書いて、貼

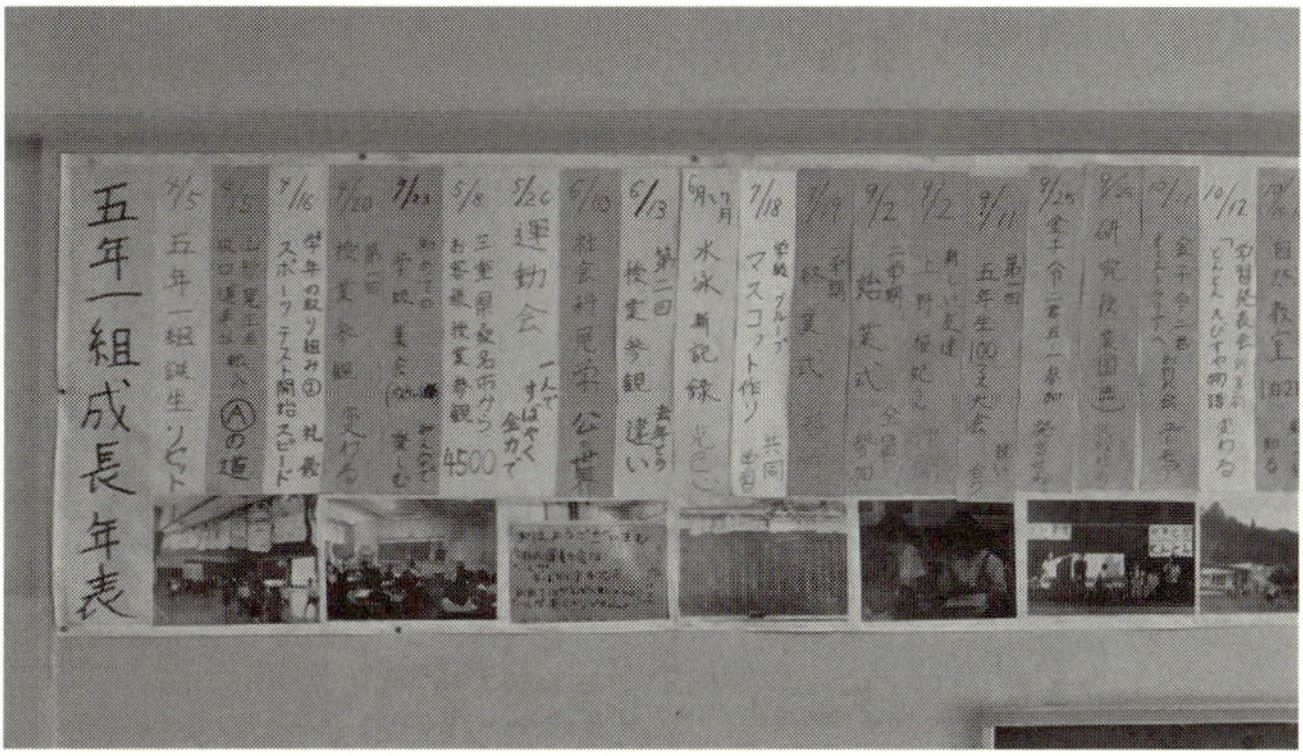

成長年表

り出しているのです。生活のこよみだったり、一年間の学級の足跡として振り返ることができるものです。

行事の前に短冊に「日付」と「行事名」、そして「行事で目指すことの核心となるキーワード」を書いて貼り出すのです。

これによって、先のことに対して、見とおしをもって行動することができるようになりますし、活動をとおして身に付けさせたい力を全体で共有して、一つひとつの行事を成長のきっかけにしていくことができるのです。

私は、子どもたちを成長させるための一つとして、「非日常」を大切にしてきました。普段行っている授業や朝の会・帰りの会、給食、掃除といったもの以外は、全て「非日常」です。

この非日常の取り組みが、成長にとって大きなポイントになります。非日常は、普段指導していることの力試しの場として活用できると考えているのです。

少し厳しい言い方になるかもしれませんが、多くの場合、非日常の様々な行事が、教師の逃げ場になっているのではないでしょうか。それでは、子どもたちの成長のチャンスになるはずもありません。

一つの行事を達成したことによって、次の成長の目標が明確になってきます。そうしたことも記録して成長年表に書き加えて効果的に残していくことで、一年間の成長を振り返ることができることから「成長年表」と名付けました。


私は、もともと「非日常」を子どもたちに演出するのが好きでしたし、それが教師のプロデュース力であり、成長しようと頑張っている子どもたちへの礼儀ではないかと思っていたほどです。

毎日同じことの繰り返しでは、教師も子どもも飽きてしまいます。第一章に書きましたが、きっかけさえあれば、若い頃から各方面からの取材を受けていました。教室には、新聞記者もテレビ局のカメラも、出版社の編集者も、いろいろな人がやってきました。

十二年ほど前、地元NHK北九州放送局が取材にやってきたのが、最初に私の教室にカメラが入ったときだったのではないかと記憶しています。その後、全国ネット、地方民放含め、十回以上取り上げていただきました。

新聞への掲載は数えきれません。

こうしたことは、全部子どもたちの成長を思ってのことであり、子どもたちの成長へのご褒美のようなものです。

私は、その意味でマスコミを上手く利用させていただいてきたと思っています。何か事件が起こったときに、マスコミの学校バッシング、教師バッシングは激しいものがあります。興味本位の報道だと目を覆いたくなるような場合もあります。でも、そんなマスコミも、自分たちの味方になってもらうスタンスでお付き合いをすることは可能です。

学校の開放が言われつつ、悲惨な事件を契機に外部の人が学校に入る際の条件が厳しくなっています。

私は、様々な状況は理解しているつもりですが、やはり教室の中の様子は開放されるべきだと思っています。社会とつながる経験は、子どもの成長を豊かにします。それを見られた保護者や地域の方々も喜ばれます。せっかくのチャンスを狭めているのは、学校の論理ではないかと思います。

先生方は、いろいろな制約があるでしょうが、マスコミの方々とうまく付き合って自身の実践や自分の学校の成果を広く世に問うてほしいと思っています。

私の教室が最初に新聞に載ったのは、私が二七歳のときでしたが、そのときにクラスを取材してくれた読売新聞の記者であるひとりの児童のお父さんに、クラスの子があてたお礼の手紙が手元にあります。

（前略）新聞を通して、文集に励んだ6の4の児童をみなさん方に読んでもらったことを大変光栄に思います。目標を定め、そしてやりとげたこの文集。僕としては一生の宝物になることでしょう。また新聞に出たということもいい記念に残ると思います。ありがとうございました。これからも地域に密着した活力ある情報を新聞にのせてみんなが喜ぶような新聞をつくってください。

菊池道場全国支部のスタートと機関誌の発刊

　ここ数年、教室では全力で子どもを育て、週末には全国の先生方と学び語り合う中で、「今こそタイミングだ。時は来た！」との思いを強くしました。

　自然発生的にできてきた菊池道場の支部も、この数年で全国に四十近くになってきました。その勢いは、ますます加速しています。地方の公立小学校の一つの教室で起きた動きが、大きなうねりとなって全国に広がっていることを実感しています。そこで、二〇一五年の夏に、全国の支部をつなぐネットワークを整え、機関誌を季刊で発行することにいたしました。

　言葉を大切にする学級は、コミュニケーション力の育った学級は、加速度的に学級力を高め、成長していきます。

　今、私が感じている教育の新しい息吹を、全国の心ある教師、学生、社会人の人たちと広く連携して、うねりをもっともっと大きく確かなものにしていきたいのです。それは、これからの社会を担う子どもたちの幸せと、日本という国の発展につながることだと確信するからです。この思いをより多くの方々に共有していただき、まず大人が変わり、教師が変わり、子どもたちを育てていきたいと決意しています。

第八章　挑む

NHK「プロフェッショナル　仕事の流儀」

私は、二〇一二年（平成二四年）七月一六日に放映されたNHKの人気テレビ番組「プロフェッショナル　仕事の流儀」に出演させていただきました。四月にスタートした撮影は五十日間に及び、その間、毎日、教室にはテレビカメラがありました。

朝の通勤風景から始まって、夜まで「完全密着」されての撮影は、精神的にもなかなかきついものがありました。

テレビでは「ここには数年前から授業中に騒ぐ子や歩き回る子がおり、授業が成立しづらいケースもあった。その立て直しが菊池に託されている」と紹介されましたが、こうした一つのナレーションも、テレビ番組としてできるぎりぎりの表現を、番組制作者の方々が何度も何度も議論し、練り上げてつくられたものです。

異動したばかりの学校で、「前年まで崩壊していた子どもたち」を、限られた二か月間の中で成長の成果を映像として示さなくてはいけないということ、言い換えれば、番組制作者の期待に応えなくてはいけないという部分のプレッシャーが、実は私にとってはいちばん大きかったというのが正直なところです。

おかげさまで、番組は大きな反響を呼び、全国のたくさんの方々から、お手紙やメールをいただきました。その中には、全く面識のない方々からのものもたくさんあって、テレビの影響の大きさを身をもって感じさせられました。

それらの一つ一つに目をとおさせていただきましたが、その中に共通した内容があることに気が付きました。それは、

「菊池先生は、子どもを育てようとしているのではなく、人間を育てようとしているのではないかと思いました」

といった趣旨の内容です。

「学校は何をするところか」「教師の究極の目的・使命は何か」ということをずっと考え続けていた私にとって、これらの激励と共感のお手紙は、私の拙い教育実践に対して、有り難すぎる言葉だなあと思いながらも、考え続けてきたことへの答えを導いてくれたものとして、今でも心に残っています。

学校の開放と私の取り組み

「プロフェッショナル　仕事の流儀」に出演してから、私のところには「ぜひ、菊池先生の授業を見せてください。『菊池学級』の子どもたちのリアルな姿を見せてください」という申し込みが殺到しました。また、NHK以外の他のテレビ局からも取材の依頼がたくさんありました。

ただ、私はそれらのお申し出を全て断らざるを得ませんでした。勤務する学校が、学校公開を毎年一一月第一週の「学校開放週間」に限定していたからです。ですから、それまで待っていただける方には、「『学校開放週間』にお越しください」とお伝えしました。そのため、秋の「学校開放週間」は、私の教室だけ大変な賑わいになってしまいましたが。

私が、こうした経験をとおして思うのは、「学校は、もっともっと広く、学校中の様子を社会に伝えていく必要がある」ということです。

カメラを入れることのできない学校、他校からの見学者を常時受け入れることのできない学校というのは、本質的に選択を誤っていると私は考えています。

そして、このことは、残り五年の時間を残して早期退職という道を選んだ、一つの大きなきっかけだったのです。

教育の質を高めていくために、現代社会が学校に求めているものに臨機応変に対応していくために、日本の多くの学校の中にある優れた教育実践を共有し、残していくことについては、誰も反対する人はいないはずです。なのに、結果的にはそれをしようとしないのが、学校教育の世界であることは、私が体験してきたとおりです。

学校が公開をさせてくれないなら仕方がないと腹を固め、「プロフェッショナル　仕事の流儀」に出演以降、講演会やセミナーの講師として求められるままに全国各地に出かけて行き、私の教室の様子のリアルな姿をお伝えしてきました。この一週間の最新の様子を週末に見ていただくということを繰り返しました。

また、執筆活動も必死で続けました。

放送と同時に、私がそれまで二十年ほど前から実践してきた「ほめ言葉のシャワー」を単行本としてまとめ、発刊しました。

一年後には、「ほめ言葉のシャワー②」を出版するとともに、「第一回ほめ言葉のシャワー全国大会」を開催し、全国に広がる「ほめ言葉のシャワー」の実践者が一堂に会しました。

さらに、二〇一四年の四月には「コミュニケーション力あふれる『菊池学級』の子どもたち」というタイトルで、私自身の実践の全体像を明らかにしました。

毎週の講演会やセミナーだけでは全国津々浦々の先生方に、私の実践を伝えきることはできませんので、さらに「動画で見る　菊池学級の子どもたち」、「写真で見る　菊池学級の子どもたち」、二〇一五年に入ってからは「『話し合い力』を育てる　コミュニケーションゲーム62」と立て続けに出版いたしました。

「動画で見る　菊池学級の子どもたち」と「写真で見る　菊池学級の子どもたち」は、これまでの教育書の常識をくつがえす、教室のそのままを見ていただける画期的な本だと自負しています。

さらに、「ほめ言葉のシャワー」を成功させるための手立てとして、若い先生方の力を借りながら、ワークシート集（「ほめ言葉のシャワー③」）も開発しました。

私の代表的な指導実践として、「プロフェッショナル　仕事の流儀」で紹介されたのは、「ほめ言葉のシャワー」と「成長ノート」でした。「ほめ言葉のシャワー」は、コミュニケーション力を育てることを目指し、「成長ノート」は、書く力を育てることを大きな目的としています。その「成長ノート」の詳細についても、二〇一五年四月に「人間を育てる　菊池道場流　作文の指導」として出版しました。

このように短期間の中で、矢継ぎ早に出版活動をしましたが、私一人の力は、まだまだ大きな変革をもたらすには至っていません。

顔の見える教育

現在の閉塞した状況に一石を投じたい、というのが今の私の気持ちです。

例えば医学界で、優れた技術が共有されないということがあるでしょうか。日進月歩で進化する医療の世界は、絶え間ない研究とその共有、そして成果の競い合いが土台にあるのではないでしょうか。

学校の世界は、基本的に上意下達の組織です。行政ですから、それはある意味当たり前です。しかし、私から見ると、それはあまりに硬直化していると思うのです。

変わりゆく社会に対応した教育界への変化が求められています。

現場の教師は、子どもや保護者と向かい合っていますから、嘘はつけません。菊池省三は菊池省三という一人の人間として、等身大で、子どもや保護者と向かい合ってきました。時代の変化の中で、対応の難しい子どもや保護者との関わりの中で神経をすり減らし、心の病にかかってしまう現場の教師の姿も少なからず目の当たりにしてきました。

そうしたことに対応すべく、教育委員会が様々に動いていたことも否定はしません。ただ、それらがどれも対処療法的で、根本的な問題の解決につながっていなかったということは、三三年間の教師人生を踏まえての正直な感想です。

私が、コミュニケーション教育を進めることについて、間接的な批判を耳にすることは何度もありました。しかしながら、直接的に、そのことを批判されたり、もっとストレートに「止めろ」と言われたりしたことは一度もなかったのです。批判はいつも間接的で、「菊池と一緒にいると出世できないぞ」というような低いレベルの内容ばかりでした。

つまり、私を批判する人間の、あるいは組織の顔が、いつも見えないのです。

この顔の見えない状況こそが、今日の教育界の停滞の核心だと思えてなりません。

この間、様々な「教育改革」が文部科学省、教育委員会から打ち出されてきました。しかし、それらは、現場から吸い上げられて政策となったものではありません。どんな方針が出されても、現場は「またか」と思う程度です。それよりも、直面する現実の課題があまりに多く大きいのですから。現状がきちんと総括されることはなく、新しい政策を導入すればこう変わるという無責任な期待論だけの「教育改革」が進められているのです。

「顔が見えない教育」だからこそ、そんなことがまかりとおっているのです。

そんな怒りにも似た感情が、私にとっての今後の原動力です。

私が退職したことの意味を直感的に理解してくださった方からは、すぐに「これで、平日にも学校に来ていただけますね」と喜びの連絡をいただきました。

逆に「どうして現場を離れられたのですか。残念で仕方ありません」とメールを送ってきた方もいますが、こうした反応に対して、とても残念な気持ちになりました。「そうした変わらない教師がいるから、退職をしたんだ。訴え続けてなかなか変わらない状況に対し、自分の人生の残された元気な時間を最大限に使うために、立場を変えて、内側から変えられないのなら、外から変えようとしているんだ」と叫びたい気持ちになりました。

民間の教育サークルも、今大きな転換点にいると思っています。

教育書も百花繚乱、様々な立場の人が様々な発信をされています。それはそれで、活性化しているのだとは思いますが、こんなときだからこそ、その質が問われなくてはいけないし、その目的とするところがどこにあるのかを真摯に問う必要のある時代になっているとも思います。

正直、「これって教育書？一般的なビジネス書でしょ」と思ってしまう本も少なくないのです。

かつて私の師匠である桑田泰助先生が、

「師範学校出の校長先生が学校からいなくなったとき、職員室は変わってしまうぞ」

と言われたことがありました。

私自身が師範学校の実際を知らないわけですから何も言えませんが、私は、師範学校を出られた方々から指導をいただいた最後の世代であることは間違いありません。

桑田先生からは、たくさんの指導をいただきましたが、先生が私に本当に教えたかったことは「教師としての覚悟」ではなかったかと、今振り返りながら思います。

私が書いた原稿をお見せしたとき、先生から、

「寝たのか？」

と訊かれました。私は、

「はい、二時間ほど」

と答えると、

「なぜ、寝たんだ。人間数日寝なくても死なない。寝なかったらもっといいものができたはずだ」

と言われました。

強烈な思い出です。

そして、先生は、

「知恵がないものが知恵を絞っても出てこない。だから、知恵を入れるために人に会って話を聞け、本を読め」

とも言われました。

今日では、こうした言動はパワハラとして問題視されるのかもしれません。当時もこれが普通だったとは思いませんが、私自身は、こうした指導を受けながら、自分を奮い立たせ、前に進んできたことは間違いありません。

最後の「菊池学級」の子どもたち

結果的に最後の「菊池学級の子どもたち」となった、平成二六年度六年一組の一人ひとりのことを本当に誇りに思っています。よくぞここまで成長してくれたと、感謝していいます。言葉は適切ではないかもしれませんが、私の教師人生の中の「最高傑作」だと思っています。私の中に、いろいろな思いのある最後のクラスになりました。

あの子たちが卒業する間際に語っていた言葉は、全てプラスの方向性をもっていました。周りに対して、温かく肯定的な言葉で語りかけることのできる子どもたちでした。自分を自分の言葉で語ることができる子どもたちでした。ゆがんだところがなく、一緒にいて、私自身が温かい感じを受けることができました。きっと、将来も今の気持ちを忘れずに生きていってくれるだろうと確信できる子どもたちでした。まさに「言葉で人間へと育っていった」子どもたちでした。

この一人ひとりのことを思えば思うほど、この事実があれば、別の形で教育を変えることができるかもしれないと、私に思わせてくれたのです。

また、どんな時代であろうとも、子どもという存在は、成長するということを本能的に求めていて、成長する授業・指導を望んでいるということを確信させてもくれました。

「整える」と「調える」――ぶつからない指導

一人ひとりが違う個性を放っている教室の中で、その違いを無理に揃えようとすれば、個性という価値を殺してしまうだけです。やはり、今の学校・教室は、「整える」ことに価値が置かれています。

私は、「今の小学校の先生たちは怒りすぎているな」と日頃から思っていました。一人ひとり違う個性豊かな子どもたちに対して、整えることを価値として揃えようとすれば、結果的に怒るということになるのでしょう。一時的には、そんな方法も通用するかもしれません。しかし、押さえ付けられ子どもたちは、いつかその反作用で爆発してしまいます。

学年が変わって担任が変わったら、それまでは静かだった集団が崩壊してしまったという例をときどき耳にします。その原因の多くは、力で整えられていた集団は、新しい担任の先生は力で抑え込もうとはしないと判断した段階で、秩序が失われ崩壊してしまっているようです。

こんなことがありました。

小学校には「視写」という学習法があります。正しい文字や美しい文章をなぞったり、書き写したりすることで、それらを身に付けようとする学習です。あるとき視写のプリントを配ると、普段から授業に参加しようとしない男の子が、

「なぞるだけやん」

と呟いたのです。私はそれを聞き逃しませんでした。そこで、

「何を言っている、みんなまじめにやっているんだぞ。お前もちゃんとやれ」

と正面からその子と対立したらどうなるでしょうか。

「うるせえ」

と言って、その子はプリントを放り出して教室を出て行ってしまうでしょう。私が担任になる前までは、そうしたタイミングをつくっては教室を飛び出し、そのまま家に帰っていたのです。

私は、その男の子が、

「なぞるだけやん」

と言ったとき、クラスのみんなに向かって言いました。

「今、○○君はプリントを見て『なぞるだけやん』って言ったんだけど、このプリントのなぞり練習をすることで、どんな力が付くと思いますか」

と聞いたのです。そして、黒板に「一枚のプリントの持つ力とは？」と書きました。

クラスの子どもたちは、「文字がきれいになる」、「写す力が付く」、「書くスピードが速くなる」、「脳の動きが良くなる」といった、本来なら教師が子どもたちに伝えたいことを口々に発表してくれました。

教師である自分一人とクラスの子どもたち全員という関係（「一対多」の関係）を、教師を含むクラス全員と教室を飛び出そうとする子どもという関係（「多対一」の関係）に変えるとともに、教師が一方的に指導するのではなく、指導したい内容を子どもたちに言わせるという方法を取ったのです。

正面からぶつかり合っても事態は解決しません。すかすことで、子どもの負のエネルギーを吸収し、クラス全体で成長していくことを教師は仕掛ける必要もあるのです。

私は最後に、その男の子に言いました。

「また、言ってね」

違いを殺してしまうのではなく、いろいろな子がいることを前提にして、皆でお互いの違いを生かしながらクラスを「調える」ことに教室の価値の基準を移していくことが大切だと痛感しています。

整理整頓の教育に入れない子どもは、整理整頓を価値とする教育をつくった大人が育ててしまっているのだと私は思います。

調和、調律という、違いを全体としてまとめることによって、新しい高い水準の価値を生み出していくことが、これからの教育に最も必要なことだと強く訴えたいのです。

教育「観」の転換を目指して

私が、今、始めた「挑戦」を一言で言うとするならば、「旧態依然とした教育界の『観』を変える」ということです。

私の考える「教育観」を試案としてまとめたのが、次の図です。

「教師と子どもがつくる自信と安心感のある学級」を土台として、「教師の指導力で創る授業」があり、「考え続ける人間・豊かで確かな対話力を持った人間」を育てることを目的とするという「観」です。

「観」を変えるには、教師自身が自分の授業観を変えることが求められます。そして、授業観を変えるということは、これまでずっとしてきている一斉指導型の授業それ自体を否定することになるのです。コミュニケーション力を重視した授業スタイルに変えていく必要があるということです。

人間も時代も絶えず変化します。今はこれでよかったとしても、場所や時代が変われば、価値観も変化していきます。どんな状況になろうとも、絶えず自己否定もしながら考え続けることができる力を育てることが、教育の本義です。

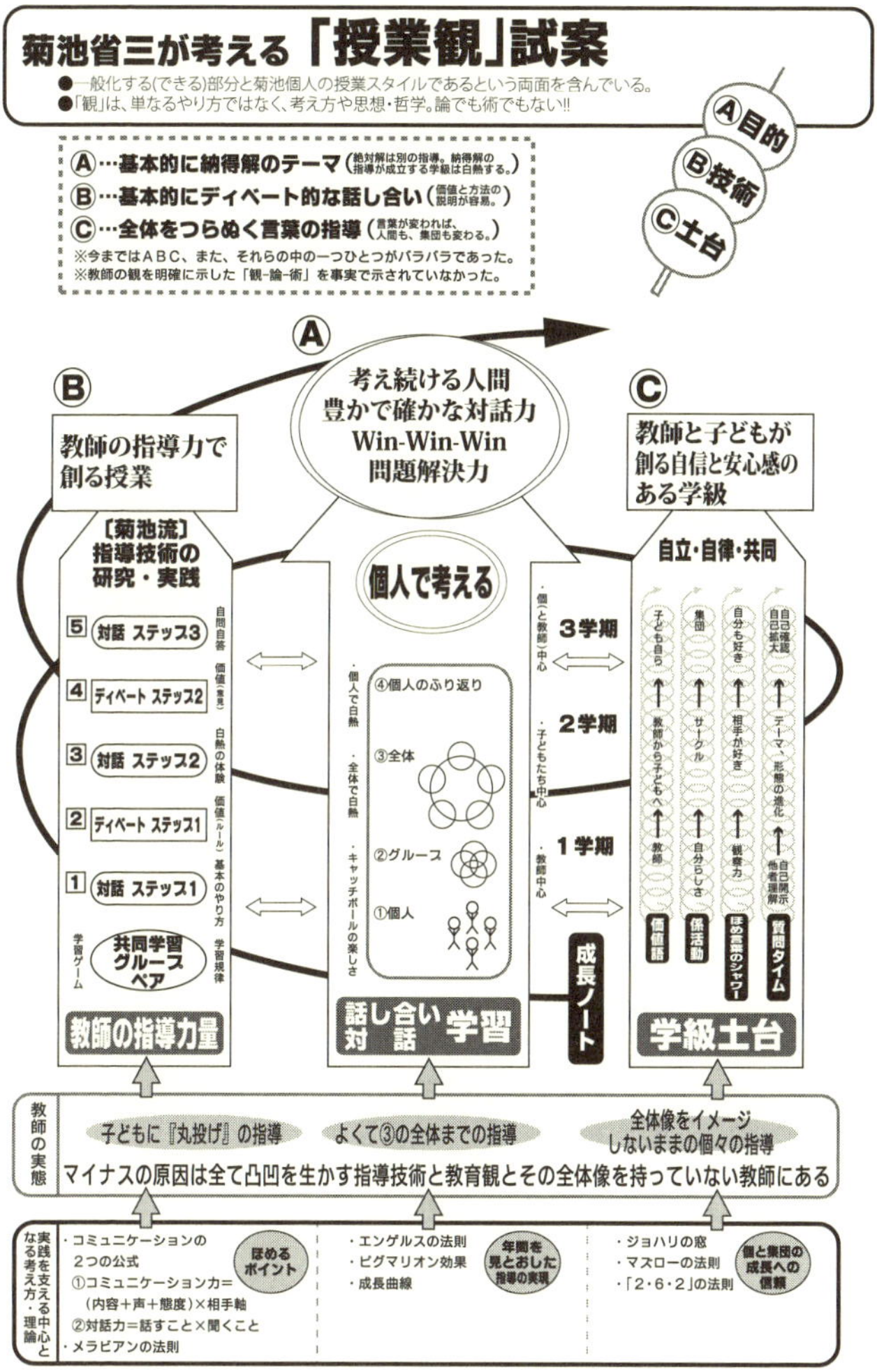
菊池省三が考える「授業観」試案
●一般化する(できる)部分と菊池個人の授業スタイルであるという両面を含んでいる。
●「観」は、単なるやり方ではなく、考え方や思想・哲学。論でも術でもない!!
Ⓐ目的
Ⓑ技術
Ⓒ土台
Ⓐ…基本的に納得解のテーマ（絶対解は別の指導。納得解の指導が成立する学級は白熱する。）
Ⓑ…基本的にディベート的な話し合い（価値と方法の説明が容易。）
Ⓒ…全体をつらぬく言葉の指導（言葉が変われば、人間も、集団も変わる。）
※今まではＡＢＣ、また、それらの中の一つひとつがバラバラであった。
※教師の観を明確に示した「観-論-術」を事実で示されていなかった。
Ⓐ
考え続ける人間
豊かで確かな対話力
Win-Win-Win
問題解決力
Ⓑ
教師の指導力で創る授業
Ⓒ
教師と子どもが創る自信と安心感のある学級
〔菊池流〕指導技術の研究・実践
5 対話 ステップ3
4 ディベート ステップ2
3 対話 ステップ2
2 ディベート ステップ1
1 対話 ステップ1
共同学習 グループ ペア
学習ゲーム
自問自答
価値（意見）
白熱の体験
価値（ルール）
基本のやり方
学習規律
教師の指導力量
個人で考える
・個人で白熱
・全体で白熱
・キャッチボールの楽しさ
④個人のふり返り
③全体
②グループ
①個人
話し合い 対話 学習
・個（と教師）中心
・子どもたち中心
・教師中心
3学期
2学期
1学期
成長ノート
自立・自律・共同
子ども自ら ← 教師から子どもへ ← 教師
集団 ← サークル ← 自分らしさ
自分も好き ← 相手が好き ← 観察力
自己確認 自己拡大 ← テーマ、形態の進化 ← 自己開示 他者理解
価値語
係活動
ほめ言葉のシャワー
質問タイム
学級土台
教師の実態
子どもに『丸投げ』の指導
よくて③の全体までの指導
全体像をイメージしないままの個々の指導
マイナスの原因は全て凸凹を生かす指導技術と教育観とその全体像を持っていない教師にある
実践を支える中心となる考え方・理論
・コミュニケーションの２つの公式
①コミュニケーション力＝（内容＋声＋態度）×相手軸
②対話力＝話すこと×聞くこと
・メラビアンの法則
ほめるポイント
・エンゲルスの法則
・ピグマリオン効果
・成長曲線
年間を見とおした指導の実現
・ジョハリの窓
・マズローの法則
・「2・6・2」の法則
個と集団の成長への信頼

菊池省三が考える「授業観」試案

コミュニケーション能力を伸ばすと、積極性のある一人ひとりが育ちます。絆の強い集団が育ちます。その中で、自分らしさを発揮しながら、より良い社会を目指して、人と仕事をしていくことができます。だから、コミュニケーション教育は、今後の教育の根底にしていく必要があるのです。

新学習指導要領の検討が始まりました。これまでの学習指導要領から脱皮して、学習内容を示すだけにとどまらず、学習方法をも示そうとしていると理解しています。これまでも協同学習とか、体験型学習、参加型学習などに取り組もうという動きはありましたが、やはり本質的には変わらずに推移しているのが、実態です。

アクティブ・ラーニングの技法を進めようとするならば、それに対応できる学級をつくっておく、あるいは同時進行でつくらないと、アクティブ・ラーニングは成立しません。「観」を変えて、アクティブ・ラーニングが成立する学級、あるいは指導方法を十分開発することができていけば、教育力は高まり、日本の国の力を小学校のレベルから底上げすることができると考えているのです。

私がセミナーなどで話をした際に、よく質問されるのが、
「話し合いを活発にしているけれども、学力はどうなんですか？」

ということです。「知識をきちんと教えることが重要」という授業観をもっている先生が、私の話し合いやコミュニケーションで、わいわい、がやがやと進んでいく授業を見ると、そのように思われる方が多いようです。

クラスの人間関係が良くなって、主体性があって自ら学ぶような集団は、極めて達成志向が高い集団になります。したがって、学力も定着し、成績も良くなります。「全国学力・学習状況調査（全国学力テスト）」の「知識力を問う問題（A）」と「知識活用力を問う問題（B）」の両面が同時に伸びていきます。

私が申し上げたいのはその点です。

人の一生に学びのゴールはありません。知識の習得も、その活用も、主体的な学びと豊かな人間関係と社会関係の中で生涯にわたって、育まれていくものです。であればこそ、小学校の六年間に学習指導要領に定められた内容を身に付けることは当然として、考え続け、対話のできる人間形成を目指していくことが、教育の第一の目的であり、そこに改めて目を向けようと訴えたいのです。

私の尊敬する阿部勤也先生（元一橋大学学長）は、著書「『世間』とは何か」（講談社現代新書）の中で、自立した個が集まってできた西洋の「社会」という概念が、明治になって日本に入ってきたときに、万葉の時代以来の「世間」という日本の言葉と置き換えられたものの、その二つの言葉の間には大きな距離があり、その違いについて「一般の人々の意識からは程遠いものであった」と述べられています。

私は、二項対立で、西洋と日本のどちらかが良いという問題ではないと思っています。西洋と日本のそれぞれの関係のもち方の両方に良さがあるはずです。

ただ、考え方の中に、西洋の社会という概念をどれだけもてているかということが、学級の成熟のレベルを決めていくのではないかと思います。あまりに、日本の世間という感覚を大切にしすぎてしまって、「みんなで仲良く」という側面だけが前面に出ているようにクラス経営をしていると、先生に合わせることが大切なんだと思い、我慢して毎日の学校生活を過ごしているというお子さんがたくさんいるのではないかと思うのです。

私は、佐賀大学の佐長健司先生にも学びました。目の前の子どもたちとどう向かい合えばよいかを悩む中で、ディベートについて教えていただきました。佐長先生は、香川県で小学校の先生をされたあと、広島大学の附属小学校を経て、佐賀大学に行かれたと記憶しています。

佐長先生は骨太でした。「民主主義とは何か」とか、「社会科の社会というのはどういうことなのか」というような大きなテーマについて教えていただきました。今日の私の教育観の根っこになっている「日本の『世間』と『社会』との違い」とか、「個が独立しない、群れ集団ではない『集団』とは」というような考え方を教えてくださいました。

その中で、「一人ひとりが自立して公の社会をつくっていく」とか、「今後、社会に出ていくときの公に向かったそれにふさわしい考え方や態度を身に付けさせる」という基本的な考え方を形成したのです。

各学級で指導方法はそれぞれの先生の個性に即したもので構わないと思います。私の指導は、ディベート的です。話し合い、コミュニケーションを大切にした指導のアプローチの仕方はいろいろありますから、熟議的であってもいいわけです。「縦型の一斉指導の授業からの脱却」の必要性が言われるようになってずいぶん時間が経ちました。しかしながら、現状はなかなか変わることがありません。

第四章で、私の具体的な実践を種々述べましたが、「ほめ言葉のシャワー」を代表とするコミュニケーション教育によって、教室の人間関係を「調える」ことが、最適な方法であると確信しているのです。

「学校における教育の全ての責任は教師にある」という覚悟が問われています。

職員室には、保護者や子どもの悪口を言っている教師もいました。それは、厳しい言い方ですが、教師としての責任も覚悟ももたない人間が言い逃れをしているに過ぎないと思っていました。教師である自分が全て責任を負うという覚悟は、子どもたち一人ひとりの学びに対する尊敬の上にできあがるものです。

社会に出て行って、どんな困難な状況に遭遇したとしても、自分らしさを発揮して、世のため人のために生きていこうと思い続けることのできる人間に、目の前の子どもたちを育てていきましょう。それが、私たち大人の責任なのですから。

おわりに

平成二七年四月一日に退職を発表し、翌二日から講演やセミナー、菊池道場支部勉強会へと全国を飛び回っています。

退職しての寂しさや過去を懐かしむ暇はない、そんな毎日を過ごしています。

本著でも示した「これからの教育のあり方」を、出会う方に伝え、語り合う毎日なのです。

多くの方の賛同と励ましの声と同時に、

「ずっと続いていることの排他的で旧態然とした教育の世界が変わるのか」

といった質問も受けます。

私は、

「『顔の見えない』方たちとの戦いですから、何が動き、何が変わるのか正直なところ分かりません。ただ、戦後七十年の今、私は『時は来た』と思っています。今の教室の現場とこれからの社会のあり方をみていくと、そう判断できるのです。私が出会った子どもたちの名誉のために、私自身の三十三年間の子どもたちとの事実を持って、私は勝負に出ているのです。私は、負けません」

と答えています。
このように書くと、「一人の小学校教師が……」とか「権力者でないと体制は……」と考え、否定的に思われる方も多いと思います。でも、ここ数年の全国の動きを肌で感じている私は、「教育界は変わる」と確信しています。事実、現場の先生方だけではなく、多くの教育委員会、管理職の先生方も賛同の声を上げてくださっているからです。そして、その動きは大きなうねりとなって今後も続いていくであろうと判断しているからです。

「挑む」という本著のタイトルに込めた私の思いを、これからも伝え続けていこうと覚悟を決めています。それは、今の自分ができること、しなければいけないことだと考えています。

地方の公立小学校の一教諭であった私に光を当て、その私の思いをこのような形にまとめていただいた中村堂の中村宏隆氏には、今回も全面的にご協力をいただきました。感謝の言葉しかありません。本当にありがとうございました。

これからも「挑み続ける」ことをお約束いたします。

平成二七年六月

菊池道場　道場長　菊池　省三

●著者紹介

菊池省三（きくち・しょうぞう）

1959年愛媛県生まれ。「菊池道場」道場長。元、福岡県北九州市公立小学校教諭。山口大学教育学部卒業。文部科学省の「『熟議』に基づく教育政策形成の在り方に関する懇談会」委員。

【主な著書】『人間を育てる　菊池道場流　作文の指導』、『「話し合い力」を育てる　コミュニケーションゲーム62』、『写真で見る　菊池学級の子どもたち』、『動画で見る　菊池学級の子どもたち』、『ディベート ルネサンス 究論復興』、『コミュニケーション力あふれる「菊池学級」のつくり方』、『小学生が作ったコミュニケーション大事典　復刻版（監修）』（以上、中村堂）、『小学校発！　一人ひとりが輝く　ほめ言葉のシャワー　1～3』（以上、日本標準）、「菊池先生の『ことばシャワー』の奇跡 生きる力がつく授業」（講談社）、「学級崩壊立て直し請負人：大人と子どもで取り組む『言葉』教育革命」（新潮社）、他多数。

【写真撮影】
以下の写真以外は、菊池省三撮影
P.15、P.141上、P142　中村堂編集部
P.141下　納田健太

挑む　私が問うこれからの教育観

2015年７月20日　第１刷発行

著　者／菊池省三
発行者／中村宏隆
発行所／株式会社　中村堂
〒104-0043　東京都中央区湊３-11-７　湊92ビル４F
Tel｜03-5244-9939　Fax｜03-5244-9938
ホームページアドレス｜http：//www.nakadoh.com

編集協力・デザイン／東原さつき
印刷・製本／シナノ書籍印刷株式会社

◆定価はカバーに記載してあります。
◆乱丁・落丁の場合はお取り替えいたします。

ISBN978-4-907571-17-7

中村堂　菊池省三先生の著作

菊池省三先生の実践と考え方の全体像を明らかにします。コミュニケーション力があふれる学級と児童をどのように育んでいくかが分かります。

コミュニケーション力あふれる

「菊池学級」のつくり方

ISBN978-4-907571-00-9　定価　本体二〇〇〇円＋税

書くことで人間を育てる、新しい時代の作文指導。菊池道場のオリジナル実践である「成長ノート」を詳説します。

人間を育てる　菊池道場流

作文の指導

ISBN978-4-907571-14-6　定価　本体二〇〇〇円＋税

ゲームで楽しくコミュニケーション力がつきます。「話し合い力検定」公認トレーニングブック。

「話し合い力」を育てる

コミュニケーションゲーム62

ISBN978-4-907571-13-9　定価　本体二五〇〇円＋税

中村堂　菊池省三先生の著作

国際ディベート学会会長の松本道弘氏と菊池省三先生の対談。ディベートが本来目指す道について大いに語ります。

ディベートルネサンス
究論復興

ISBN978-4-907571-04-7　定価　本体一五〇〇円＋税

教室や家庭に掲示できる日めくりカレンダー。子どもの考え方や行為をプラスの方向に導く「価値語」を一日一つずつ紹介します。

菊池省三先生の
価値語日めくりカレンダー

ISBN978-4-907571-09-2　定価　本体二五〇〇円＋税

12歳の子どもたちが「挑戦」した日本初の本を復刊。「34」のコミュニケーション力を徹底研究しました。

小学生が作った
コミュニケーション大事典　復刻版

ISBN978-4-907571-01-6　定価　本体三〇〇〇円＋税

中村堂　**菊池省三**先生の著作

菊池学級の実際を動画と本で徹底解説。言葉で育った菊池学級の子どもたちの事実の姿が動画で分かります。

動画で見る
菊池学級の子どもたち

ISBN978-4-907571-03-0　定価　本体三〇〇〇円＋税

菊池学級の実際を写真で紹介します。言葉で育った菊池学級の子どもたちの事実の姿が写真で分かります。

写真で見る
菊池学級の子どもたち

ISBN978-4-907571-08-5　定価　本体三〇〇〇円＋税

全国ネット「菊池道場」がいよいよ始動します。年４回発行の機関誌が誕生しました。菊池省三先生の理論と実践を明らかにしていきます。

今の教室を創る　菊池道場機関誌
白熱する教室

ISBN978-4-907571-18-4　定価　本体一五〇〇円＋税